« Parce que je crois sincèrement que notre espèce se mue depuis 160 000 ans par deux énergies essentielles : le besoin de liberté et le besoin de s'alimenter, je suis convaincu que l'agriculture est cette épaisseur impalpable qui nous sépare de la barbarie. C'est par l'innovation que l'agriculture a progressivement éloigné les hommes de la famine, en permettant à chacun d'assouvir son besoin de liberté dans le respect de celle d'autrui pour faire société commune ! »

Léonard Théron
Libre penseur et vétérinaire passionné

Sommaire

Deuxième partie
DES INNOVATIONS À LA PELLE

Troisième partie
MAKE AGRICULTURE GREAT FOREVER

Préface

Vous voulez une bonne nouvelle ? Enfin une bonne nouvelle ? La voici : l'amitié, la vraie, la fraternité, ce formidable cadeau peut vous arriver à tous les âges, même le plus avancé, comme le mien.

Un jour que, pour me changer un peu de la mer, je me promenais ailleurs dans ma chère Vendée, pas celle des bateaux rapides, celle où la Tradition se mêle au plus formidable des dynamismes entrepreneuriaux, je suis tombé sur mon clone. Mon clone en mieux : nettement plus jeune et encore plus actif, version quasi frénétique (soupirez, nos cardiologues !).

Il se trouve que nous partageons, mon clone et moi, le même respect pour celles et ceux qui ont choisi pour métier la plus vitale des missions, nourrir ses semblables. Et que nous réunit aussi la même double conviction :

1. Notre agriculture, ou plutôt nos agricultures tant leur diversité est grande, se trouvent aujourd'hui à la croisée de NOS chemins. Oui, NOS chemins ! Car c'est à nous de choisir notre avenir. Nous, consommateurs bien sûr, mais d'abord nous êtres vivants, et désireux de le demeurer, aussi longtemps que possible, nous et nos enfants, sur une planète elle aussi bien vivante.

2. Cette révolution est possible, ces révolutions sont non seulement possibles (là encore pour saisir la réalité, il faut employer le pluriel) mais déjà en cours. Vous avez entendu parler de l'agriculture régénératrice, et des fabuleux progrès de la robotique de

précision, et de cette Ferme Digitale, 150 jeunes sociétés réunies pour offrir des solutions ? Cette Ferme du Futur dont nous sommes, lui l'entrepreneur dynamique et moi, l'Immortel pré cacochyme, des défenseurs ardents.

Sortez un peu de chez vous, pointez le nez dehors : un grand vent frais souffle sur nos campagnes et sur les pages de notre Hervé ! Vendée Globe pas loin !

Nous aurions pu écrire ensemble. Nous publions ensemble. Et ensemble nous allons nous battre pour faire connaître, et accepter, ce grand mouvement nécessaire.

Erik Orsenna

Avant-propos

Libramont est une charmante bourgade de 11 000 habitants dans les Ardennes belges aux confins de la France et du Luxembourg, à quelques encablures de l'Allemagne et des Pays-Bas, dans la province du Luxembourg en Wallonie. Hors de Wallonie, Libramont est surtout connue pour sa foire agricole qui réunit chaque année pas moins de 200 000 visiteurs en quatre jours. Cette foire débute toujours par une conférence inaugurale et, en 2023, Léonard Théron[1] fit l'introduction de cette conférence inaugurale en projetant une image de la prise de la Bastille. Il commença son allocution par ces mots :

« Pourquoi cette image de la Révolution pour inaugurer la 87e foire de Libramont, la plus grande foire agricole d'Europe ? Parce que je crois sincèrement que notre espèce est mue depuis 160 000 ans par deux énergies essentielles : le besoin de liberté et le besoin de s'alimenter. De tout temps, l'excellence politique a été mesurée par la capacité des gouvernants à nourrir les populations. L'inverse de l'excellence politique, c'est la révolution et le chaos. L'agriculture, par sa fonction nourricière, est donc cette fine épaisseur impalpable qui nous sépare de la barbarie ! »

Les famines qui revenaient à peu près une fois par génération (tous les vingt-cinq/trente ans) jusqu'à la fin du XVIIIe siècle se

1. Léonard Théron : vétérinaire, enseignant-chercheur et fondateur de plusieurs start-up dans le domaine de l'élevage.

sont progressivement éloignées au point de disparaître et d'être exclues de notre inconscient collectif.

Peuvent-elles revenir ? Rien n'est à exclure *a priori*, quand la sécurité de l'approvisionnement alimentaire n'est plus une priorité, quand d'autres fondamentaux se sont invités dans le débat. Changement climatique, perte de la biodiversité, pollutions de l'eau, de l'air, des sols font du fait environnemental une priorité. Certains rendent même l'agriculture nourricière plus ou moins responsable de tous ces maux, prônant une décroissance salvatrice, seule capable de rétablir les équilibres menacés. Ont-ils pensé que le retour à la nature, s'il n'est pas maîtrisé, est aussi celui du retour à l'incertitude alimentaire ? Certes, la famine ne nous guette pas pour demain, mais quand les prix de l'alimentation commencent à flamber, le risque d'instabilité politique n'est jamais loin.

Penser que cette instabilité devienne une aubaine pour les adeptes d'un grand soir qui rebattra toutes les cartes en imposant le fait environnemental au risque de voir s'étriper les populations et qu'une majorité les suivra dans leur démagogie destructrice est une folie que je ne peux imaginer. Nous ne pouvons confronter notre besoin de liberté et notre besoin de nous alimenter à un tel risque. Alors, une fois de plus, il va nous falloir résolument nous appuyer sur notre capacité à poser un cadre politique responsable et à innover.

Pour réussir, nous ne devons pas considérer la lutte contre le changement climatique, contre les pollutions et la perte de biodiversité comme une philosophie ou un dogmatisme, mais comme un plan de route vers la nouvelle révolution agricole qui se dessine, combinant exigences démographiques, production et environnement. Alors, la grande nouveauté de ce début de millénaire, c'est peut-être de parler d'un monde sans faim compatible avec un monde sans fin. C'est alors considérer l'agriculture comme un pan essentiel de la survie de l'humanité.

Si l'agriculture tient ses origines du fond des âges et s'est progressivement spécialisée pour devenir un métier à part entière, son avenir reposera demain sur d'autres fondamentaux que ceux d'aujourd'hui, et ils sont à imaginer.

En conclusion de *Cultivons l'avenir ensemble, (ré)concilier agriculture et société*[1], je pose les bases d'une renaissance déjà engagée.

Extrait :

« Loin d'être négative, la période que nous vivons doit être considérée comme une nouvelle aventure qui redéfinira l'agriculture au cœur d'une conception nouvelle de nos sociétés. Un nouveau cycle commence où l'agriculture aura toute sa place si nous acceptons de nous dépasser. Nous devons sortir de l'idée que nous pouvons nous appuyer sur des patterns pour réussir les transformations nécessaires.

Non seulement les fondamentaux sur lesquels s'est fondé le développement de l'agriculture vont être challengés, mais nous ne pouvons compter sur aucun exemple probant permettant de satisfaire l'ensemble des paramètres qui s'imposent à nous [...]. Nous allons devoir réinventer l'avenir en comptant d'abord sur notre capacité à nous réinventer. Les mutations qui vont devoir s'opérer ne laissent pas de place à l'attentisme et au confort, nous devons accepter l'instabilité créatrice. Pour réussir, nous ne pouvons compter que sur nous-mêmes, sur la capacité de la jeunesse, des chercheurs et des entrepreneurs à se remettre en cause. La bonne nouvelle réside dans le fait qu'ils sont déjà en action, parfois loin des organisations encore en train d'essayer d'absorber la révolution d'avant, sans véritablement admettre

---

1. *Cultivons l'avenir ensemble, (ré)concilier agriculture et société*, La France agricole, 2021.

que les institutions, les cadres réglementaires sont en grande partie devenus obsolètes.

C'est de notre capacité à faire confiance à la jeunesse, aux chercheurs, aux entrepreneurs et à accepter l'incertitude que dépendra notre avenir.

Il nous faudra repartir des fondamentaux du vivant, repenser la façon de nous alimenter, admettre que l'agriculture est l'affaire de tous, évaluer les atouts qui sont les nôtres à l'aube de l'ère nouvelle dans laquelle nous entrons et nous mettre au travail avec l'ambition de participer à une formidable aventure qui nous conduira vers un avenir meilleur. »

C'est parce que je crois en la capacité de l'homme à surprendre l'avenir et qu'à partir de là tout devient possible, que je pense que l'innovation est la seule voie possible pour dessiner un avenir capable d'assouvir notre double besoin de liberté et de manger. C'est ce que j'appelle « le pouvoir de faire ». Ce pouvoir de faire – l'*empowerment*[1] – est fait de *disruption*[2], de sérendipité[3] et surtout d'intelligence collective. Si nous cherchons un peu, nous en trouvons partout des exemples ; certains ont une portée locale, d'autres feront le tour du monde. Beaucoup seront hybrides, associant des secteurs d'activités pluriels. Il y aura des réussites et des échecs, mais aucun ne sera inutile à la construction d'un avenir meilleur. Certains de ces projets sont déjà des réalités, elles émanent de start-up, de groupes d'agriculteurs, de chercheurs, d'organisations, d'étudiants et le plus souvent d'un peu tout ça ensemble.

1. L'*empowerment* est un processus d'émancipation par lequel le pouvoir est donné à un individu ou un groupe dans le but d'agir sur les événements auxquels ils font face.
2. Le mot *disruption* est un terme anglais qui peut être traduit en français par « rupture » ou « bouleversement ».
3. « Sérendipité » est un mot qui désigne la capacité de faire une découverte inattendue et fructueuse par hasard.

Certaines de ces réalisations représentent de véritables ruptures et ce sont celles-là qui m'intéressent. Nous pouvons les trouver à notre porte ou au bout du monde.

Croire en un monde sans faim dans un monde sans fin, c'est avant tout avoir une vision de l'avenir, une ambition pour l'agriculture. À l'heure où tant de questions se posent, nous n'avons d'autre choix que de faire celui de l'optimisme et de regarder en face où sont les vrais défis. Nous avons besoin de toutes nos agricultures, car la pluralité ou plutôt les pluralités sont notre richesse et notre passeport pour l'avenir :

- La pluralité des filières : élevages, grandes cultures, vignes, arboriculture, maraîchage, etc., vont continuer à occuper notre territoire et à évoluer sans qu'il soit possible, à ce jour, de se positionner entre transition et rupture. Si les filières considérées comme classiques vont continuer à exister, de nouvelles vont s'inviter : les insectes, les algues, les espèces oubliées telles que les productions de yacon[1] (édulcorant naturel également appelé « poire de terre ») ou d'amandiers qui sont désormais présentes sur notre territoire. D'autres productions, voire d'autres filières (sans que nous sachions encore lesquelles) vont émerger, venant ainsi enrichir notre patrimoine naturel et culinaire. Dans tous les cas, quelles que soient les productions, trois critères fondamentaux devront être respectés : souci de rentabilité, respect de l'environnement, viabilité et équité pour les producteurs.
- La pluralité des modèles d'entreprises avec des scénarios diversifiés qui commencent à apparaître et vont se développer entre transition et rupture. Les nouvelles générations aspirent à contribuer au changement. La diversité des situations va générer ces nouveaux modèles. L'agriculture de demain sera de

1. Yacon : également appelée poire de terre, plante vivace tubéreuse originaire d'Amérique du sud qui contient de l'inuline qui lui apporte une saveur sucrée (édulcorant) et à un effet bénéfique sur la flore intestinale.

moins en moins familiale, avec des formules de sociétés et de réseaux adaptés aux besoins. De nouveaux modèles de société, de nouveaux collectifs, de nouvelles alliances vont se développer. Les « fermes » ne seront plus cantonnées à la campagne, même si nous y trouverons encore l'essentiel des activités agricoles. En complément (parce que là aussi, il faudra cultiver les synergies entre villes et campagnes), l'agriculture se développera également en ville. L'agriculture urbaine devient une réalité qui va s'amplifier en faisant cohabiter production, inclusion et andragogie[1].

- La pluralité des activités sera de plus en plus une réalité. Elle va bousculer les pratiques, décloisonner les ateliers, associer les productions. Quels que soient les modèles et les dimensions, l'entreprise agricole de demain devra conjuguer : production alimentaire et non alimentaire, impact environnemental positif et sources de profitabilité, adéquation avec les valeurs sociétales collectives et les aspirations personnelles. L'agriculteur de demain sera producteur alimentaire, mais devra aussi devenir producteur et gestionnaire de services environnementaux indispensables pour assurer la neutralité environnementale de l'agriculture et de toute la chaîne agroalimentaire. Il va falloir repenser les productions, mais aussi les pratiques agricoles avec de nouvelles semences et solutions de traitement, déployer des démarches d'autonomie énergétique, de stockage de carbone et de restauration de la biodiversité…

Nous devons veiller au respect de cette triple pluralité si nous voulons éviter une forme d'ubérisation d'une partie plus ou moins importante de notre agriculture. Dans tous les cas, l'agriculteur, qu'il soit individuel, en société, en réseau, doit être responsable de ses décisions. L'agriculture du XXIe siècle sera une agriculture de plus en plus intensive en connaissances, de plus en plus économe

1. Andragogie : pratique de l'éducation des adultes. Nous aurions pu parler également de pédagogie, l'agriculture urbaine est également intéressante pour l'apprentissage du jardinage aux plus jeunes.

en intrants et sera pratiquée à partir de solutions innovantes qu'il va falloir apprendre à maîtriser pour répondre aux missions nouvelles de l'agriculture en matière de productions alimentaires, de bioproduits, d'impacts environnementaux positifs et de responsabilités sociétales en commençant par la demande de nourriture pour tout un chacun.

Cette agriculture des savoirs ne peut émerger que par l'innovation dans un cadre permis par la loi.

« Innover pour un monde sans faim dans un monde sans fin », à n'en pas douter, elle est là la véritable innovation. D'*Homo sapiens* à « Agronuméricus », l'homme a toujours eu la préoccupation du monde sans faim, garant de son double besoin de liberté et de nourriture ; l'homme du XXIe siècle doit y ajouter les défis de retrouver un monde sans fin parce qu'il a compris que « sa » planète, elle, n'est pas sans fin. Les défis qui s'annoncent, s'ils sont encore technologiques, seront aussi environnementaux. C'est l'enjeu d'une agriculture durable, mais là rien de bien nouveau, contrairement aux idées reçues, chaque agriculteur qui se respecte a le souci de préserver sa terre, ne serait-ce que pour les récoltes suivantes ; ils seront aussi sociaux et sociétaux pour réinventer la manière de faire société commune et ça, c'est assurément nouveau !

L'enjeu réel à court terme est de respecter et protéger la minorité silencieuse de femmes et d'hommes qui se lèvent chaque matin pour nous nourrir et qui disparaissent chaque jour. Nous avons délégué la production de notre alimentation à guère plus de 1 % des nôtres, les mépriser est une folie ! L'agriculture sera véritablement un monde sans faim et sans fin si nous protégeons ceux qui la font, et si nous savons leur laisser le champ de liberté suffisant pour innover, produire et finalement nous nourrir.

Première partie

LE SENS D'UN MONDE SANS FAIM

Les bases d'un monde sans faim sont dans les grains de froment qui chaque année se meurent pour mieux revivre. La vie est un éternel recommencement au fil des saisons : quand revient l'automne, la saison est aux semailles avant que l'hiver accorde à la terre le temps de se reposer pour mieux revivre au printemps et offrir à l'été le temps des récoltes. Au début des années 2010, alors que j'étais encore agriculteur, il m'arrivait quelques fois, souvent tôt le matin, quand le soleil dessine à l'horizon la couleur du ciel annonciateur de pluie ou de beau temps, de laisser courir ma plume au gré des saisons qui rythment notre métier. Le bureau où je me posais n'avait pas de toit, c'était au milieu des champs ou de l'étable où les vaches dorment encore que je trouvais les mots. Ils couraient dans ma tête avant que je ne les pose au moment du petit déjeuner qui, vers 8 heures, venait récompenser les premières heures de travail. Ce temps n'est plus, mais l'âme de paysan qui vit toujours au plus profond de moi-même me donne encore à entendre cette petite voix qui, chaque année en octobre, me chuchotait à l'oreille :

« Va semer, il est temps »
Le temps est aux semailles, il est à l'engagement.
J'ai préparé la terre, j'y ai posé le grain.
C'est le temps de l'espoir, le temps des prévisions.
Le temps de la patience des jours de grand frimas.
Le temps devient rebelle et la terre s'assoupit.
Le grain va y périr et ainsi s'accomplir.
Semer c'est entreprendre, c'est assumer un risque.
Risquer de perdre un grain, gager qu'il fructifie.
Se soumettre au destin mais l'aider tant qu'on peut.
Y mettre toutes ses forces, son amour et sa peine.
Semer c'est s'inquiéter, ne jamais le montrer.
Accepter d'assumer et se remettre en cause.
Refuser de subir et forcer le destin.
Dans les villes et les champs quelle que soit votre vie.
Il est des grains de blé partout à mettre en terre.
Ouvrez votre grenier et sortez-en le grain.
Le début de l'hiver est propice aux semailles.
La graine va germer et sortir lentement.
N'ayez pas peur du froid, il durcira le plant.
N'ayez crainte à demain, allez saisir la chance.
Le temps est aux semailles pour qui veut entreprendre.

Cette histoire sans faim que je veux vous raconter, c'est celle de générations qui depuis le fond des âges ne cessent d'entreprendre, de semer les graines d'un avenir meilleur où chacun pourra assouvir son besoin de liberté et de se nourrir. Le chantier s'est ouvert il y a bien longtemps, il n'est pas terminé. Il reste encore de nombreux champs à travailler. Tant qu'il y aura des hommes, il restera des graines à semer !

Chapitre 1

L'AGRICULTURE, UNE HISTOIRE D'INNOVATION

160 000 ANS D'INNOVATION

J'habite en Vendée, à Mareuil-sur-Lay, charmant village construit sur deux collines de part et d'autre de la rivière d'où elle tient son toponyme : « sur Lay ». En 2018, lorsque nous avons envisagé, Christine et moi, de bâtir la maison que nous habitons aujourd'hui, nous avons dû commencer par accepter des fouilles archéologiques sur le terrain où nous voulions construire. Notre maison est située au bout d'un promontoire rocheux surplombant le Lay et un de ses affluents, le Marillet. Les premières traces de vie humaine remontent au Néolithique, période qui marque le début de l'agriculture, de l'élevage et de la sédentarisation des populations.

Dans ce qui est actuellement notre jardin, nous avons découvert un dépôt monétaire[1] datant du Bronze moyen. Y étaient

1. Dépôt monétaire : il s'agit d'un ensemble d'objets métalliques, le plus souvent en bronze, rassemblés dans un vase ou un contenant en matière périssable. Ils sont enfouis dans le sol ou immergés, parfois déposés dans une cavité naturelle, souvent en des points particuliers du paysage.

déposées quelques pointes de flèches, des faucilles et quelques poteries laissant penser qu'ici, bien avant nous, quelqu'un avait déjà jardiné. Ce ne sont pas, bien évidemment, les premières traces qui existent des activités humaines sur notre Terre, mais l'idée que quelqu'un ait pu élever et cultiver ici, 6 000 à 7 000 ans avant moi est pour le moins cocasse !

C'est bien avant ça et bien loin d'ici que l'on a trouvé les premières traces permettant de comprendre comment l'homme s'est préoccupé d'améliorer son alimentation. C'est dans la grotte de Qesem dans l'actuel Israël que l'on retrouve les premiers outils en pierre taillée, tels que des bifaces, des racloirs et des lames. Ces outils étaient utilisés par les occupants de la grotte pour des activités de découpe de la viande, la préparation des peaux d'animaux et autres tâches, des restes d'animaux montrant des signes de boucherie en témoignent. Les humains utilisaient apparemment la grotte comme lieu de traitement et de consommation de la viande d'animaux qu'ils chassaient. Des preuves d'utilisation du feu y ont également été découvertes, notamment des os brûlés et des cendres. Avaient-ils découvert que l'utilisation du feu était cruciale pour la cuisson des aliments, l'hygiène et la fourniture de chaleur ? Peut-être ? En partie sûrement ! Mais une chose est sûre, un vent d'innovation pour se nourrir soufflait déjà dans la grotte de Qesem... C'était il y a environ 160 000 ans.

C'est bien plus tard, en Mésopotamie (il y a environ 12 000 ans), que l'on trouvera les premières traces de l'agriculture, de l'élevage et finalement de la sédentarisation des hommes du Néolithique. Y étaient-ils avant ceux de Mareuil ou après, je ne sais pas, les datations ne sont pas assez précises, mais une chose est sûre, ici comme là-bas, c'est l'époque où les hommes ont commencé à passer d'un mode de vie de chasseur-cueilleur à un mode de vie plus sédentaire fondé sur l'agriculture et l'élevage. En Mésopotamie, dans ce croissant fertile, les hommes se sont posés, ont commencé à y domestiquer l'orge et l'engrain[1], à élever des moutons, des chèvres et des vaches, et finalement à faire civilisation. C'est sur les fondations de l'agriculture du Néolithique que sont nées les civilisations sumériennes et babyloniennes, et d'une certaine manière la nôtre.

À la même époque et durant les millénaires qui suivirent, en tout cas bien avant que des esprits chagrins nous parlent de bassines, les hommes ont compris qu'il fallait de l'eau pour assurer le rendement des cultures qui vont lui permettre de nourrir sa famille et ses congénères occupés à d'autres tâches. Sans que l'on sache qui des Mésopotamiens dans les vallées du Tigre et de l'Euphrate, des Égyptiens de la vallée du Nil, des Indiens de la vallée de l'Indus ou des Chinois des vallées du fleuve Jaune ou du Yangtsé ont été les premiers à irriguer des cultures, tous ont compris que la maîtrise de l'eau était fondamentale pour cultiver, manger et finalement vivre en homme libre. Dès 3000 à 5000 ans avant notre ère, ils maîtrisaient le drainage, le stockage de l'eau, la fabrication de canaux et des méthodes déjà sophistiquées d'irrigation, comme la culture en terrasses des contreforts de l'Indus. Partout, ils ont créé des réseaux complexes de canaux, de digues et de réservoirs pour contrôler et diriger les eaux des fleuves et des rivières vers leurs champs. L'irrigation a joué un rôle crucial dans le développement économique et politique des civilisations antiques, en soutenant une agriculture productive et en permettant la croissance de villes prospères. Nous n'avons rien inventé en matière d'irrigation et de maîtrise de l'eau, si ce n'est des techniques plus sophistiquées. La maîtrise de l'eau est essentielle à l'agriculture, la remettre en cause avec les enjeux qui sont devant nous serait folie.

1. L'engrain ou « petit épeautre », *Triticum monococcum*, est une espèce de plante monocotylédone de la famille des *Poaceae* (graminées), sous-famille des *Pooideae*, originaire du Croissant fertile. C'est, avant l'orge et l'amidonnier, la première céréale domestiquée par l'homme, vers –8000, au Proche-Orient.

De ces inventions en découleront beaucoup d'autres, mais deux affecteront grandement notre capacité à assouvir nos besoins de liberté et de se nourrir : il s'agit de l'invention de la roue et de notre aptitude à dompter les animaux pour la traction, notamment pour travailler la terre grâce à la houe et à la charrue, d'abord en bois ou à partir d'os d'animaux avant que l'on ne maîtrise l'utilisation du fer. Les Romains, des siècles plus tard, vont généraliser l'utilisation de la charrue en fer et de l'irrigation. Ils développeront la rotation des cultures et la construction des routes pour faciliter le transport des produits agricoles. Ils perfectionneront également des techniques de gestion des terres, comme la division en parcelles régulières, et contribueront largement à la diffusion de nouvelles plantes et cultures à travers leur vaste empire.

L'ADOPTION DE LA POMME DE TERRE OU LE PRINCIPE DE PRÉCAUTION AVANT L'HEURE !

Au premier étage du 78, rue de Varenne à Paris, au ministère de l'Agriculture, se trouve la grande salle Sully qui dévoile plusieurs fresques monumentales et emblématiques peintes par Paul Sinibaldi[1]. Elles représentent le Commerce, l'Industrie, et l'Agriculture, cette dernière étant symbolisée par une jeune semeuse qui avance dans un champ labouré par deux paires de bœufs blancs. Cette pièce historique doit son nom à Maximilien de Béthune, plus connu sous son titre de duc de Sully[2]. Ce compagnon d'armes et ministre du roi Henri IV a largement contribué au développement de l'agriculture française. Parmi ses nombreuses concrétisations figurent notamment la proclamation de la liberté

1. Peintre français (1857-1909).
2. Le duc de Sully, compagnon d'Henri IV, a joué un rôle important dans le développement de la production agricole et l'amélioration des conditions de vie des paysans au XVIe siècle.

de commerce des grains, l'abolition des péages entre les provinces et l'incitation à une plus forte production afin de vendre hors des frontières. On lui doit aussi la fameuse maxime : « Labourage et pâturage sont les deux mamelles dont la France est alimentée. » Henri IV, qui voulait une poule au pot au menu dominical de chaque foyer de son royaume, et son ministre qui encourageait les agriculteurs à améliorer leurs techniques de culture et la qualité de leurs troupeaux, avaient compris que la sécurité alimentaire était un gage de stabilité à une époque où le pays rencontrait des difficultés après le terrible conflit des guerres de Religion.

Au 78 de la rue de Varenne, quand vous montez l'escalier pour arriver à la salle Sully, vous passez par une galerie éponyme à l'extrémité de laquelle trône la statue d'Antoine Parmentier[1]. En 1786, Antoine Parmentier offrit à Louis XVI des fleurs de pommes de terre. Pharmacien des Armées et hygiéniste, telles étaient les fonctions officielles d'Antoine Parmentier. C'est à lui qu'on doit le combat pour faire entrer la pomme de terre dans l'alimentation courante des Français qui rechignaient à manger ces tubercules. À la veille de la Révolution française, il s'agissait avant tout de nourrir une population affamée par les guerres et les mauvaises récoltes. Si cela eût été fait plus tôt, Louis Capet aurait peut-être sauvé sa tête, et Varennes serait restée une bourgade anonyme… qui sait !

C'est pourtant bien des années plus tôt, entre 1530 et 1540, que Pedro Cieza de León et Gonzalo Jiménez de Quesada, ainsi que d'autres conquistadors, ont découvert et ramené des pommes de terre en Europe après leurs voyages en Amérique du Sud. Les pommes de terre ont alors été cultivées en Europe, mais elles n'ont pas été immédiatement acceptées comme aliment de base en raison de méfiances envers les plantes de la famille des

1. Antoine Parmentier est un pharmacien militaire, agronome, nutritionniste et hygiéniste français qui a promu la consommation de la pomme de terre et d'autres aliments nouveaux en France au XVIIIe siècle.

Solanacées, comme les pommes de terre. Cette méfiance est due en grande partie à des raisons historiques et culturelles. Cette famille de plantes comprend certaines espèces qui sont toxiques et potentiellement dangereuses pour la consommation humaine. Les Amérindiens consommaient pourtant des pommes de terre bien avant l'arrivée des Européens en Amérique. Il existe des preuves archéologiques montrant que les pommes de terre étaient cultivées et consommées en Amérique du Sud depuis plus de dix mille ans. Elles étaient non seulement une source importante de nourriture, mais aussi un élément culturellement significatif pour de nombreuses communautés autochtones mais ça, les sachants du « monde civilisé » n'en avaient cure ! Une sorte de principe de précaution avant l'heure, mais qui aurait pu éviter bien des famines entre 1530 et le XIXe siècle si la stupidité des croyances n'en avait décidé autrement (la pomme de terre se développe sous la terre, donc sort potentiellement des enfers). La raison a parfois ses raisons que la raison ignore ! Ce n'est qu'au XIXe siècle que les pommes de terre ont commencé à être largement consommées dans d'autres régions d'Europe, en particulier après que les avantages nutritionnels et la sécurité alimentaire qu'elles offraient ont été mieux compris. Nous ne saurons jamais combien de vies auraient pu être épargnées, combien de conflits évités si on avait adopté la pomme de terre dès son arrivée. Y a-t-il une ressemblance avec certaines positions politico-dogmatiques actuelles ? Seul l'avenir nous le dira.

DES *LIVING LABS* QUI NE PORTAIENT PAS ENCORE CE NOM

Au petit riche est une charmante brasserie d'époque avec salons privés servant des spécialités françaises et des vins de la vallée de la Loire située au 25, rue Le Peletier dans le 9e arrondissement de Paris. Il y a quelques années, c'est là que nous nous retrouvions pour dîner chaque trimestre à l'invitation de Philippe Lecouvey, alors directeur de l'Acta[1]. Il y avait parmi les membres de ce petit comité un agriculteur de la Marne, Christian Rousseau, précurseur de l'agriculture sans labour et ancien étudiant de la prestigieuse école de Grignon. Il faisait souvent référence à cette institution où il avait eu comme professeur Michel Sebillote[2] qui lui avait enseigné l'agronomie. C'est de lui et de cette école qu'il tenait les éléments qui lui ont permis d'être parmi les précurseurs de l'agriculture de conservation. L'agriculture de conservation des sols (ACS) est un système cultural qui vise à préserver et à améliorer la fertilité des sols, tout en assurant une production agricole durable et rentable. L'ACS repose sur trois principes fondamentaux :

- Le semis direct, qui consiste à semer les cultures sans labourer ni travailler le sol au préalable, afin de maintenir sa structure et son activité biologique.
- La couverture permanente du sol, qui consiste à laisser des résidus de cultures ou à implanter des couverts végétaux entre deux cultures, afin de protéger le sol de l'érosion, du lessivage et de la compaction, et d'augmenter sa teneur en matière organique.
- La diversification des espèces végétales, qui consiste à varier les cultures et à introduire des légumineuses, des oléagineux ou des plantes fourragères, afin de rompre le cycle des ravageurs, des maladies et des adventices, et d'améliorer la nutrition des plantes et des animaux.

L'ACS présente de nombreux avantages pour les agriculteurs, l'environnement et la société. Elle permet de réduire les coûts de production, d'économiser du carburant, de limiter les émissions

1. Acta : l'Association de coordination technique agricole est une association loi de 1901 ayant pour mission principale la coordination des instituts techniques agricoles, et qui opère dans le domaine de la recherche agricole professionnelle.
2. Michel Sebillotte est un agronome français, professeur à l'Institut agronomique Paris-Grignon (INAPG), spécialiste des systèmes de culture et de la fertilité des sols.

de gaz à effet de serre, de favoriser la biodiversité, de renforcer la résilience face aux changements climatiques, de sécuriser les rendements et la qualité des produits, et de contribuer à la sécurité alimentaire et à la lutte contre la pauvreté.

Revenons à Grignon, c'est un lieu symbolique de l'innovation agricole en France depuis des décennies. Fondée en 1826, elle a été successivement institution royale, école régionale, puis école nationale. Sa vocation est restée inchangée : former des spécialistes en sciences agronomiques et expérimenter dans sa ferme-école les dernières innovations en matière de machinisme, d'utilisation d'engrais, de produits et de méthodes de protection des plantes, d'amélioration génétique, de bouturage et de greffage au fur et à mesure que ces techniques nouvelles pouvaient permettre aux agriculteurs d'améliorer leurs performances, leurs revenus et leurs conditions de travail. La formation, la structuration de la recherche et l'expérimentation deviennent essentielles au cours du XIXe et du XXe siècle pour ce qui était progressivement en train de devenir un métier. Durant cette période, la France s'est dotée d'un réseau assez dense d'écoles d'agriculture permettant d'assurer la formation des agriculteurs, mais aussi la reconversion de ceux qui quittaient le métier pour embrasser un autre avenir. Un réseau assez prestigieux d'institutions publiques et privées, visant à former des ingénieurs capables de mettre en œuvre la transition agricole et alimentaire d'une société en pleine recomposition avec l'avènement de l'ère industrielle, s'est également mis en place à cette époque.

On caractérise souvent cette période allant de la seconde moitié du XIXe à la première moitié du XXe siècle comme celle d'une succession de révolutions agricoles : révolution de la traction mécanique, puis de la chimie pour aller jusqu'à parler quelquefois de « révolution verte ». La révolution verte a été un mouvement global visant à augmenter massivement la production agricole à travers le monde grâce à l'adoption de nouvelles variétés de cultures à haut rendement, l'utilisation d'engrais chimiques, de pesticides et de techniques de gestion modernes. La révolution verte a considérablement augmenté la production alimentaire, ce qui a permis de répondre à la demande croissante de nourriture d'une population mondiale en expansion. Cela a contribué à prévenir les famines à grande échelle et à améliorer la sécurité alimentaire dans de nombreuses régions. Cependant, il est important de noter que la révolution verte a également suscité des préoccupations concernant ses effets sur l'environnement, la durabilité et les inégalités, sujet qui représente un des enjeux majeurs des décennies à venir.

Si nous devons parler de révolution agricole au XXe siècle, la plus importante n'est ni technique ni économique, elle est dans l'organisation et la structuration de l'agriculture. C'est à la fin du XIXe siècle que se développèrent les premières coopératives, mutuelles et syndicats agricoles, dans son acception première de s'organiser pour défendre des intérêts communs. C'est à partir des années 1960, pour pallier la demande alimentaire croissante, que les choses ont vraiment changé et que les organisations ont été mises en place par les agriculteurs eux-mêmes sous la houlette d'un ministre particulièrement visionnaire : Edgard Pisani. C'est à partir de cette période que se sont développés les centres d'expérimentation, les groupes de vulgarisation et de développement, sortes de *living labs* avant l'heure capables de mobiliser l'intelligence collective avant que ce ne soit tendance. En soixante ans, les choses ont évolué et se sont quelque peu désalignées, les coopératives se sont massifiées, les organisations se sont structurées et l'agriculture s'est politisée. Le désalignement ne doit pas nous inciter à regarder dans le rétroviseur, mais au contraire à pointer la ligne d'un horizon nouveau que l'on s'efforcera d'atteindre.

ET DEMAIN ?

Bab Ighli, le 8 novembre 2016, à proximité des remparts de la Médina de Marrakech, 300 000 m^2 sont aménagés, cinquante-cinq tentes sont montées en moins de trois mois pour former un immense village séparé en deux zones distinctes, une zone bleue administrée par l'ONU et une zone verte réservée aux innovations et à la société civile. Le Maroc reçoit du 7 au 18 novembre 2016 la COP22. Avec mon ami Gilles Babinet, c'est dans cette seconde zone que nous sommes invités par Mostafa Terrab, CEO du groupe OCP[1], à intervenir sur l'innovation agricole en Afrique. L'Afrique représente un enjeu majeur en matière d'alimentation, et s'il est un continent où l'innovation doit se conjuguer avec les besoins de liberté et de s'alimenter, et où l'excellence politique peut être mesurée par la capacité des gouvernants à nourrir les populations, c'est bien celui-là. En 2050, 80 % de la population mondiale (7 à 8 milliards d'êtres humains) sera sur un axe entre Tokyo et Lagos, dont 75 % dans des métropoles géantes. Il est donc là l'enjeu premier d'un monde sans faim et il appartient d'abord aux ressortissants de ces contrées et à leurs dirigeants de trouver des solutions. La bonne nouvelle est que la jeunesse a envie de s'y employer en collaboration avec le reste du monde.

Si l'Afrique représente un défi majeur, en France et partout dans le monde, trois grands défis restent à relever : le défi de l'attractivité du métier d'agriculteur et de la formation, le défi de l'installation et de la transmission et le défi de l'adaptation au changement climatique et de la réparation de la planète.

Nourrir en quantité reste le premier défi de l'agriculture, il se double d'une demande continue d'amélioration de la qualité des

1. OCP : Office chérifien des phosphates.

aliments, notamment pour mieux répondre aux problèmes de santé (obésité, cancer, problèmes cardiaques...). Nous allons donc devoir à la fois produire plus et mieux. Sols, eau et énergie sont les trois composantes permettant la vie sur terre ainsi que la production agricole. Ces trois composantes sont menacées par le changement climatique et la chute de la biodiversité. Retrouver des sols vivants, de la disponibilité en eau et des sources d'énergie adaptées aux besoins de demain est un deuxième défi.

Si l'attractivité représente un défi, la bonne nouvelle est que les métiers de l'agriculture bénéficient d'une image noble. Pour beaucoup, c'est un métier qui a du sens, qui est proche des valeurs essentielles (animaux, nature...). Au-delà de l'attractivité des métiers, nous devons travailler l'attractivité des formations, qu'elles soient destinées aux jeunes (collège, lycée) ou à un public en réorientation professionnelle (formation continue). Trouver de nouveaux profils d'agriculteurs, installer de nouveaux agriculteurs et transmettre les exploitations, attirer davantage de candidats qui ont souvent des attentes différentes des agriculteurs en place est également un nouveau challenge. En parallèle travailler l'acceptabilité réciproque entre d'anciens urbains et les communautés agricoles « historiques » au cœur des territoires est en soi un objectif que nous devons nous fixer.

Je n'ai aucun doute sur la capacité des jeunes, qu'ils soient agriculteurs, étudiants, startupeurs, à bâtir demain une agriculture capable de relever ces défis, leur avenir leur appartient.

Chapitre 2

ICI COMMENCE UN MONDE DURABLE

Le 19 mars 2013, Jorge Mario Bergoglio devient le 266e pape de l'Église catholique en choisissant le nom de François. Pourquoi François ?

Il expliquera peu après son élection que le choix de ce nom lui avait été inspiré par saint François d'Assise, modèle de pauvreté volontaire et de respect de la Création. Il n'est pas inutile de préciser que pour les chrétiens, le terme « pauvreté » fait référence au détachement des biens matériels et à un engagement envers la justice sociale. En ce qui concerne la Création, le terme fait référence à l'ensemble de l'univers et de tout ce qui existe, la terre, les cieux, les océans, les animaux et les plantes qu'ils considèrent comme créés par Dieu.

Le pape François dit de saint François d'Assise : « François d'Assise, c'est pour moi l'homme de la pauvreté, l'homme de la paix, l'homme qui aime et préserve la Création ; en ce moment, nous savons aussi que notre relation avec la Création est une relation qui n'est pas très bonne, non ? »

Deux ans plus tard, il publie une encyclique sur l'environnement à laquelle il donne le nom de *Laudato si'*, formule extraite du

Cantique des créatures[1] de saint François d'Assise : « Loué sois-tu, mon Seigneur, pour sœur notre mère la Terre, qui nous porte et nous nourrit, qui produit la diversité des fruits, avec les fleurs diaprées et les herbes. » Que l'on soit chrétien, croyant d'une autre religion ou même agnostique peu importe, l'intérêt ici est ailleurs : le concept de Création invite à voir la Terre une et indivisible et de considérer que tout est lié. Le terme « Création » doit être apprécié en sa valeur intrinsèque pour comprendre qu'il est de la responsabilité humaine de prendre soin de cette création avec respect, gratitude et attention aux aspects environnementaux, sociaux et spirituels. L'encyclique *Laudato si'* du pape François met en lumière l'interconnexion profonde entre l'homme, la nature et Dieu, offrant ainsi une perspective intégrale sur la création.

Saint François, à travers le *Cantique des créatures*, a exprimé une vision holistique du bien commun en louant chaque élément de la Création comme un don divin. Ce poème reflète sa conviction que chaque créature, qu'elle soit humaine, animale, végétale ou tout autre élément naturel fait partie d'une grande famille qu'il estime créée par Dieu et méritant respect et soin. Si l'acception « créée par Dieu » peut être contestée par certains, la vision de saint François méritait bien d'en faire une encyclique adressée à toutes les femmes et tous les hommes de bonne volonté désirant faire de l'environnement un projet pour un futur en commun qui doit être considéré dans sa globalité.

De manière similaire, les concepts contemporains *One Planet, One Health, One Future* résonnent avec cette approche holistique. *One Planet* rappelle que notre Terre est un écosystème unique, appelant à une gestion responsable et durable de ses ressources pour le bien-être collectif. *One Health* souligne la connexion entre la santé humaine, animale et environnementale, mettant en

1. Le *Cantique des créatures* est un chant religieux composé par saint François d'Assise au début du XIIIe siècle.

évidence l'importance d'une perspective globale pour préserver la vie sous toutes ses formes. *One Future* appelle à la prise de décisions éclairées et durables qui prennent en compte les répercussions à long terme sur notre planète et les générations futures.

Le pape François, en célébrant la Création au travers de *Laudato si'*, montre qu'il est essentiel de respecter les liens entre chaque élément et d'œuvrer ensemble pour un avenir durable. Il a voulu nous montrer que nous pouvons édifier un monde où le bien commun englobe non seulement les êtres humains, mais aussi toute la magnifique toile de la vie tissée, dont nous sommes un certain nombre à considérer qu'elle a été créée par Dieu. Nous n'allons pas nous attarder sur la pertinence ou non de la Création, ce n'est pas l'objet de ce livre, mais plutôt sur la vision holistique que nous devons avoir du monde si nous voulons essayer de le concevoir sans faim et sans fin sur une planète où nous ne pouvons continuer à puiser impunément parce qu'elle, elle est finie !

À bien y penser, considérer la planète comme finie est peut-être une acceptation de l'existence d'une Création et donc potentiellement de Dieu. Alors, matérialisme[1] et écologie deviennent difficilement compatibles !

ONE PLANET (UNE SEULE PLANÈTE)

Ce concept met en avant l'idée que la Terre est une seule et unique planète, avec des ressources limitées. Il souligne la nécessité de gérer et de préserver ses ressources de manière durable pour assurer la survie et la prospérité de toutes les formes de vie. La montée progressive du matérialisme et, à travers lui, le développement de la société

1. Le matérialisme rejette l'existence d'un principe spirituel distinct de la matière.

de consommation, nous a fait oublier la finitude de notre planète. Nous avons considéré que nous pouvions impunément y puiser ce dont nous avions besoin, le consommer et le jeter. Nous commençons à apprécier les limites d'une telle attitude quand elle se généralise à l'échelle de la planète et nous devons accepter qu'il soit temps d'enclencher des transitions, car elles prendront du temps.

Transition énergétique

Dans *Le Monde sans fin*[1], Jean-Marc Jancovici nous décrit tous les postes de consommation énergétique de la ferme à l'assiette. Du gasoil que nous mettons dans le tracteur pour travailler la terre, semer, entretenir les cultures, récolter, stocker, transformer, transporter du champ à la ferme, puis à l'usine de transformation (quand il n'y en a pas plusieurs) et à l'entrepôt, puis de l'entrepôt au supermarché pour finir dans le coffre de votre voiture et dans votre réfrigérateur... il en faut, du mazout ! Ce coût énergétique et, par déclinaison, ce coût environnemental, ce n'est pas le coût de l'agriculture mais bien celui de nos modes de consommation. La bonne nouvelle, c'est que si notre agriculture est consommatrice d'énergie et qu'elle doit se préoccuper de réduire ces consommations chaque fois que cela est possible, elle peut également devenir productrice d'énergie. Nous disposons pour cela du plus formidable outil : la photosynthèse capable de produire de la biomasse à bon compte, si tant est que nous soyons en mesure de nous en donner les moyens : les plantes ne seront à même de transformer le carbone de l'air en biomasse de manière abondante que si, et seulement si, nous sommes capables de leur apporter la nourriture et l'eau dont elles ont besoin et qu'elles ne trouveront pas forcément naturellement. Nous pouvons toujours débattre du bien-fondé de la production énergétique à partir de la biomasse, que ce soit par méthanisation ou production de biocarburants, et bien sûr

1. *Le Monde sans fin, miracle énergétique et dérive climatique* de Christophe Blain et Jean-Marc Jancovici aux éditions Dargaud.

que la mission première de l'agriculture est d'assurer les besoins alimentaires des populations, il n'en demeure pas moins qu'en complément, elle offre une solution pour produire de l'énergie sans que cela ne nuise, ni à la production alimentaire ni à l'environnement. Nous avons là une source d'énergie renouvelable qui peut être utilisée pour produire de l'électricité, de la chaleur et des carburants qui viendront compléter les autres énergies renouvelables telles que le photovoltaïque et l'éolien également productibles à la ferme. Il se trouvera forcément quelques esprits chagrins pour y trouver à redire, mais il faudra bien faire comprendre que si les énergies renouvelables agricoles ne sont pas l'alpha et l'oméga, elles sont porteuses de solutions dont le ratio coûts/bénéfices est le plus souvent positif pour l'environnement quand on le compare… notamment aux énergies fossiles.

Protection des écosystèmes

La symbolique biblique du bon grain et de l'ivraie[1] est symptomatique de l'histoire de l'agriculture. Dans cette parabole, Jésus raconte l'histoire d'un homme qui sème du bon grain (symbole des croyants) dans son champ, mais pendant la nuit, un ennemi sème aussi de l'ivraie (symbole de la méchanceté et de la tromperie). Les deux poussent ensemble et ne peuvent être distingués avant la récolte. Jésus explique que lors de la récolte, les ouvriers doivent d'abord séparer l'ivraie du bon grain, afin de ne pas arracher le bon grain avec l'ivraie. Les pratiques agricoles depuis les origines sont fondées sur la compétition et l'Homme s'est depuis toujours évertué à améliorer ce qui l'intéresse et à se débarrasser de ce qui le gêne. C'est ainsi que certaines espèces ont été améliorées au fil du temps par des techniques de plus en plus élaborées pour rendre les plantes ou les animaux qui nous intéressent plus

1. L'expression « séparer le bon grain de l'ivraie » est d'origine biblique et provient d'une parabole enseignée par Jésus dans le Nouveau Testament de la Bible, plus précisément dans l'Évangile selon Matthieu, chap. XIII, v. 24 à 30.

performants face à ce qui les entoure. De la même façon, se débarrasser de ce qui nuit à la croissance des plantes est la base même de l'agriculture. La binette ou le glyphosate ne sont concurrents que par la facilité avec laquelle ils sont capables de laisser pousser les plantes qui nous intéressent et de détruire celles qui nous dérange. Nous sommes dans un paradigme de performance par l'exclusion, lequel renforce ce qui est profitable et détruit ce qui gêne. Quand les performances permises par une telle stratégie arrivent à leur aboutissement, il est évident qu'elles conduisent, ou au moins contribuent (car il y a d'autres causes), à une destruction de masse des espèces. Prétendre qu'il suffit d'admettre que nous devons accepter de nous contenter de performances plus modestes, en un mot régresser, est illusoire et contre-productif. On peut remettre en cause des techniques, pas le principe de la progression que la science a toujours alimentée. On peut remettre en cause des techniques, pas le fait d'en chercher d'autres pour progresser. La nostalgie et le retour en arrière, la régression, n'ont jamais créé une dynamique de progrès. C'est ailleurs que nous devons chercher les pistes de solutions. Trois pistes méritent d'être expertisées et encouragées : favoriser la diversité des systèmes agricoles à l'échelle d'un territoire, appliquer les pratiques les plus élaborées d'amélioration génétique à un nombre plus important d'espèces et favoriser les programmes de conservation des espèces, que ce soit dans les espaces naturels ou dans des banques de conservation des graines. Ces éléments seront développés dans la deuxième partie du livre.

Réduction des émissions de carbone

L'agriculture est responsable de 25 %, voire 30 % des émissions de gaz à effets de serre. Selon la FAO[1], la filière élevage représente 14,5 % des émissions anthropiques mondiales de gaz à effet de serre, le bétail étant responsable des deux tiers de ces émissions.

1. FAO : Organisation des Nations unies pour l'alimentation et l'agriculture.

La déforestation, toujours selon la FAO, représente 10 à 11 % des émissions. Peut-on pour autant accuser l'agriculture de manière intrinsèque d'être responsable de ces émissions ? Les choses sont beaucoup plus complexes, l'agriculture est en quelque sorte émettrice par délégation, par la nécessité qu'elle a de produire, le plus souvent à bas coût, la nourriture de l'ensemble de la population. Il s'agit donc d'un problème global, ce qui n'empêche pas de se pencher sur les leviers sur lesquels nous pouvons agir : réduire les émissions, d'une part, et profiter de l'aubaine que procure le cœur des activités agricoles de pouvoir « consommer » du carbone grâce à la photosynthèse des plantes[1] d'autre part. La couverture des sols par une végétation abondante permet de capter un maximum de carbone, l'agriculture devient alors un partenaire essentiel à la lutte contre le réchauffement climatique. Les pratiques agricoles ont longtemps conduit à des émissions de carbone supérieures à l'aptitude des sols à en stocker. Le travail du sol, avec pour conséquence des sols exposés à l'absence de végétation durant une période prolongée, ont été des pratiques courantes durant des siècles et ont un effet néfaste sur la rétention du carbone. Depuis quelques années, des pratiques nouvelles apparaissent : les agriculteurs ont de plus en plus recours à des pratiques réduisant le travail du sol, allant même jusqu'à le supprimer dans certains cas. Ces pratiques nouvelles favorisent le stockage du carbone. L'implantation de couverts végétaux dans les systèmes de culture, le développement de l'agroforesterie et des haies ainsi que l'optimisation de la gestion des prairies sont également des pratiques vertueuses qui permettent au sol d'exprimer tout son potentiel en matière de stockage de carbone tel que nous l'avons décrit précédemment en définissant ce que sont les techniques ACS[2]. Le développement de l'élevage à l'herbe et de plantes à fort potentiel de développement de biomasse, comme le maïs (quand les ressources hydriques le permettent), pour compléter l'alimentation des animaux, est favorable à la captation de quantités

1. La photosynthèse permet aux plantes de capter le gaz carbonique de l'air.
2. Agriculture de conservation des sols, voir page 29.

importantes de carbone, démontrant ainsi qu'il est possible de transformer un problème en opportunité simplement en se creusant un peu la tête – ça s'appelle l'innovation.

Finance durable

Parler de finances durables est, aux oreilles de certains, un oxymore, mais le simple mot *finance* leur hérisse autant le poil qu'une histoire de cul à un curé de campagne il y a cinquante ans, au point qu'ils ne cherchent même pas à comprendre. Là encore, ne nous arrêtons pas aux états d'âme des nouvelles dames patronnesses de la vertu écologique et travaillons à trouver des solutions. Plusieurs pistes sont à explorer, notamment celle de la triple comptabilité et des financements responsables. Certes, nous devons l'admettre, nous ne sommes qu'aux balbutiements en la matière. La triple comptabilité est un concept qui vise à élargir le champ d'évaluation des performances d'une entreprise en y intégrant les dimensions sociales et environnementales en plus des performances économiques. Il existe plusieurs initiatives en la matière, qui œuvrent sur la standardisation de nouvelles nomenclatures de comptabilité. C'est le cas de l'International Sustainability Standards Board (ISSB) créé par la Fondation IFRS, chère à Emmanuel Faber[1]. L'ISSB a déjà annoncé que ses normes imposeraient aux entreprises de déclarer la totalité de leurs émissions de gaz à effet de serre. Ses normes exigeraient des entreprises l'utilisation d'analyses par scénarios capables de rendre compte de leur résilience climatique et d'identifier les risques et opportunités référants au climat dans leurs publications réglementaires liées aux émissions de GES[2]. De son côté, le Cercle des comptables environnementaux et sociaux (Cerces[3]) veut sensibiliser et former aux enjeux de la comptabilité écologique, socio-environnementale sur la base d'objectifs définis scientifiquement et collectivement autour

1. Emmanuel Faber : ex-P.-D. G. de Danone.
2. GES : gaz à effet de serre.
3. Cerces : Cercle des comptables environnementaux et sociaux.

de la méthode CARE (Comprehensive Accounting in Respect of Ecology). Pour ce qui est des finances dites « responsables », la toute jeune agence Valueco travaille l'évaluation des KPI[1] de la finance pour essayer de séparer le bon grain de l'ivraie.

ONE HEALTH (UNE SEULE SANTÉ)

La santé globale se définit comme « un état complet : bien-être physique, mental et social, ne consistant pas seulement en une absence de maladie ou d'infirmités[2] ». La santé globale est sans frontières, elle est une et partagée par tous : humains, animaux et écosystèmes. Pour le professeur Ioan Negrutiu[3] directeur de l'Institut Michel-Serres : « Tant que les hommes ne vont pas faire la photosynthèse eux-mêmes, on est dépendant d'un régime dans lequel on souhaite manger au moins deux fois par jour. Donc, il va falloir forcément parler d'une autre santé, une santé dans laquelle l'Homme et ses milieux de vie ne peuvent pas être séparés. » *Global health*, à la croisée des santés humaines, animales et environnementales, interroge le rôle de l'homme et son influence sur l'environnement au croisement des impératifs de production, de biodiversité et de climat.

Santé des sols

Loin d'être un milieu inerte, le sol abrite une vie considérable. Le sol est un environnement complexe qui est habité par de nombreux organismes. Parler de santé des sols, c'est avant tout parler de sols vivants. Un sol vivant contient une multitude de micro-organismes

1. Le terme KPI est un acronyme anglais qui signifie « Key Performance Indicator ». En français, on parle d'indicateurs de performance.
2. Colloque du CHELs à Lyon le 16 mai 2019.
3. Ioan Negrutiu : directeur de l'Institut Michel-Serres.

tels que les bactéries, les champignons, les protozoaires et des macro-organismes comme les vers de terre, ainsi que des insectes et de petits animaux. Un gramme de sol peut contenir un milliard de bactéries et cent mille champignons, correspondant à plusieurs milliers d'espèces différentes. Ces organismes contribuent au fonctionnement biologique des sols qui joue un rôle majeur dans une série de services environnementaux. Ces organismes interagissent les uns avec les autres et avec les éléments non vivants du sol pour former un écosystème complexe. La vie d'un sol est essentielle pour le fonctionnement et la fertilité des écosystèmes terrestres. Les organismes du sol ont des rôles clés dans la décomposition de la matière organique, la libération de nutriments, la formation d'humus, la régulation de l'eau, la séquestration du carbone et la croissance des plantes. La santé d'un sol vivant peut être évaluée en fonction de la diversité et de l'abondance des organismes qu'il abrite, ainsi que de l'activité biologique mesurée par des paramètres tels que la respiration du sol. Des sols vivants et sains améliorent la qualité des cultures, en fournissant des nutriments essentiels et en favorisant la résistance des plantes aux maladies et aux ravageurs. Un sol vivant a un impact significatif sur la santé globale des écosystèmes et de la biodiversité. Finalement, la santé globale des écosystèmes influence la qualité des aliments que nous consommons. Des sols sains produisent des cultures nutritives, ce qui peut avoir un impact positif sur la santé des animaux et des humains. La santé du sol est le fondement de l'agronomie et la préservation de la vie qu'il abrite est fondamentale aux bons équilibres et donc à la santé globale.

Santé des plantes

De la santé des sols découle la santé des plantes, mais penser qu'il suffit d'avoir un sol vivant pour avoir des plantes en bonne santé n'est pas assez. La santé des plantes peut être influencée par bien d'autres facteurs, allant des conditions environnementales aux interactions biologiques. C'est le cas de l'approvisionnement en eau. Trop d'eau (engorgement) ou pas assez d'eau (sécheresse) peuvent causer des problèmes de résistance aux plantes et donc de santé. Les conditions climatiques, la température, l'humidité, la lumière du soleil et le vent ont également une influence majeure sur la croissance des plantes. Des fluctuations extrêmes peuvent causer du stress et des maladies. Les plantes sont régulièrement attaquées par des agents pathogènes tels que des virus, des bactéries, des champignons et des insectes ravageurs. Ces organismes nuisibles peuvent entraîner des infections et des maladies. La génétique joue un rôle dans la résistance naturelle d'une plante aux maladies et aux ravageurs, mais il est parfois nécessaire d'intervenir pour les protéger. Les méthodes de culture, de gestion des sols et de lutte contre les parasites ont alors un impact primordial sur la santé des plantes. Des conditions stressantes telles que la pollution atmosphérique, la pollution du sol, les changements climatiques et les événements météorologiques extrêmes agissent également, et de plus en plus, sur la santé des plantes. C'est en combinant ces éléments, en apprenant à les connaître, en sachant les travailler, qu'il est possible de créer des conditions optimales pour contribuer à une croissance saine et à la prévention des maladies.

La santé des plantes affecte profondément la santé globale des écosystèmes et de la planète. Les plantes constituent la base de la chaîne alimentaire et fournissent un habitat à de nombreux autres organismes. Une mauvaise santé des plantes peut perturber l'équilibre écologique et entraîner un déclin de la biodiversité animale et, ne l'oublions pas, la majorité de notre alimentation provient des plantes, directement ou indirectement. Des cultures en bonne santé sont essentielles pour assurer une production alimentaire suffisante et de qualité.

Outre notre alimentation, les plantes jouent un rôle crucial dans les cycles biogéochimiques en absorbant le dioxyde de carbone, en libérant de l'oxygène, en régulant le cycle de l'eau et en maintenant la stabilité des sols.

En somme, la santé des plantes est intimement liée à la santé globale des écosystèmes et à la qualité de vie des humains. Préserver la santé des plantes est essentiel pour garantir la durabilité, la résilience et la prospérité de notre planète.

Santé des animaux

La santé des animaux est sûrement celle qui se rapproche le plus de la santé des hommes. Rudolf Virchow[1] (1821-1902), un des précurseurs de *One Health*, disait à ce propos : « Entre la médecine humaine et la médecine animale, il n'y a pas de ligne de démarcation ! » En matière de santé, l'homme est partie prenante d'un écosystème qui le dépasse ! Comme nous le rappelle l'OIE[2] : « Les maladies d'origine animale auxquelles l'homme est sensible telles que l'influenza aviaire, la rage, la fièvre de la vallée du Rift ou encore la brucellose et la tuberculose représentent des risques mondiaux de santé publique. D'autres maladies à transmission essentiellement interhumaine circulent chez l'animal et peuvent causer de graves crises sanitaires, comme l'a démontré l'épidémie de maladie à virus Ebola et peut-être la Covid-19. Ces risques s'accentuent avec la mondialisation, le changement climatique ainsi que les changements de comportements humains qui offrent de nombreuses opportunités aux agents pathogènes[3] de coloniser des territoires inhabituels et d'évoluer sous de nouvelles formes. » En clair, non seulement le développement exponentiel des voyages au bout du monde affecte le bilan carbone global mais, en prime, ils font courir des risques non maîtrisés en matière de santé, que ce soit pour les humains, mais aussi pour les animaux, les plantes et les écosystèmes. Comme si tout ceci n'était pas suffisant, c'est compter sans les ravages provoqués par la géné-

1. Rudolf Virchow, médecin allemand du XIXe siècle.
2. OIE : Organisation mondiale de la santé animale.
3. Pathogène : qui peut provoquer une maladie.

ralisation des pâturages après les opérations de déforestation volontaires et l'exportation d'animaux ayant grandi sur des écosystèmes non maîtrisés. Preuve s'il en faut que la mondialisation des échanges trouve ses limites.

C'est d'autant plus vrai que, selon l'OIE, largement citée dans la littérature scientifique et les rapports gouvernementaux afin de souligner l'importance de la santé animale pour la santé humaine : 60 % des 1 400 agents pathogènes humains sont d'origine animale, 75 % des maladies émergentes sont zooniques[1] et nous voyons une émergence pathogène nouvelle d'échelle globale tous les huit mois. En faut-il plus pour nous convaincre de la nécessité d'aborder la santé de manière globale ?

Santé des hommes : humaine (physique, psychologique), économique et sociale

Que pouvons-nous ajouter en ce qui concerne la santé des hommes ? Si ce n'est que nous avons tous les arguments pour affirmer qu'elle est liée à celle de son écosystème et qu'il convient là aussi de l'appréhender dans sa globalité. La santé physique ne peut être totalement dissociée ni de la santé mentale ni de la santé économique et sociale de l'univers dans lequel l'homme évolue, et j'ajouterai de sa santé spirituelle que le matérialisme a tenté de détruire. Il en résulte la recherche d'un hypothétique bonheur dans la consommation dont on commence à apprécier les limites, mais pas encore suffisamment pour mesurer l'influence du rejet de la spiritualité qui a marqué la fin du XXe siècle.

Certes, la spiritualité ne peut guérir par des mots et des croyances, et ce serait trop facile de faire reposer sur la consommation tous les maux de la terre. Nonobstant, la perte du caractère sacré de l'alimentation n'est pas sans conséquences.

1. Zoonique : d'origine animale.

L'impact de la standardisation de l'alimentation en partie due à l'agressivité commerciale de certains aliments (les burgers et les sodas sucrés par exemple) est un point de veille à ne pas négliger. Nos modes alimentaires sont parties prenantes de la santé globale. Selon un rapport de l'African Network for Agriculture, Agroforestry & Natural Resources Education (ANAFE)[1], sur les cinq mille cultures vivrières estimées dans le monde, le système alimentaire mondial ne repose actuellement que sur douze cultures et cinq espèces animales pour fournir 75 % de la nourriture mondiale. Quatre cultures : le riz, le maïs, le blé et les pommes de terre représentent plus de 60 % de notre apport énergétique. Ces cultures ont subi des améliorations génétiques majeures et sont produites dans des systèmes très intensifs où des engrais, des pesticides et des hormones de croissance[2] sont appliqués pour assurer une productivité élevée. Cela s'accompagne de coûts très élevés pour la santé humaine et pour l'environnement. Il est indéniable que cette standardisation à outrance de nos modes alimentaires joue un rôle néfaste sur notre santé et sur la santé des écosystèmes, mais ce sera là encore par l'innovation que les choses pourront changer en faisant positivement évoluer les consciences. Avec cinq mille cultures vivrières répertoriées et vraisemblablement douze mille espèces de plantes et d'animaux comestibles, le champ du possible est quasiment illimité pour trouver les solutions.

1. ANAFE : le Réseau africain pour l'agriculture, l'agroforesterie et l'éducation aux ressources naturelles est un réseau de 132 établissements d'enseignement supérieur dans 37 pays africains dont l'objectif est de renforcer l'enseignement des approches multidisciplinaires de gestion des terres. Ils sont les auteurs du rapport « Learning agrobiodiversity : Options for universities in Sub-Saharian Africa ».
2. Les hormones de croissance sont appliquées sur certaines espèces animales hors Europe où elles sont interdites tout comme les améliorations génétiques majeures (les OGM).

ONE FUTURE (UN SEUL AVENIR)

Ce concept met en avant l'idée que notre avenir est interconnecté et que les décisions que nous prenons aujourd'hui auront des répercussions sur les générations futures. Il appelle à une responsabilité partagée pour façonner un avenir durable et équitable. L'idée sous-jacente est de créer un avenir où les valeurs de paix, de durabilité, d'équité et de bien-être sont prioritaires, tout en encourageant la créativité, l'innovation et l'adaptabilité pour répondre aux défis complexes auxquels le monde est confronté. Ainsi, bien que *One Future* puisse évoquer une vision unificatrice, cela ne signifie pas nécessairement qu'il n'y a qu'une seule voie à suivre pour l'atteindre. *One Future* est un appel à l'unité malgré nos différences et à la reconnaissance de la diversité qui caractérise l'humanité. Cela reflète l'idée que même si nous sommes tous différents en matière de cultures, de croyances, d'expériences et de perspectives, nous partageons tous un avenir commun et devrions travailler ensemble pour le façonner de manière positive et harmonieuse. Cela met en avant l'importance de respecter et de valoriser la diversité tout en travaillant à des objectifs communs de paix, de durabilité et d'équité. Pour réussir, nous devons tenir compte de réalités qui s'imposent à nous.

La population sur la planète : évolution et répartition

L'augmentation de la population mondiale, exponentielle depuis deux siècles, est-elle un problème ou une opportunité pour notre planète ? Bien qu'il ne soit pas facile d'y répondre, la question mérite d'être posée. L'humanisme chrétien qui m'anime me conduit à dire que nous devons la considérer comme une chance, mais que ce n'est pas si simple, ne serait-ce qu'à cause de la très mauvaise répartition des humains sur notre planète.

Qu'en est-il vraiment des évolutions de la population ? Nous sommes actuellement un peu plus de 7 milliards d'habitants très mal répartis sur la planète. La moitié de l'humanité (3,7 milliards) est aujourd'hui concentrée en Extrême-Orient (Japon, Corée, Chine, Inde et Asie du Sud-Est). Selon les dernières estimations de l'ONU, la population mondiale devrait continuer de croître à 9,7 milliards d'individus en 2050, puis atteindre un pic de 10,4 milliards dans les années 2080 avant de diminuer légèrement d'ici à la fin du siècle. Une croissance essentiellement portée par les pays d'Afrique, où vivra une personne sur trois en 2100. En 2050, nous pouvons estimer que 70 % de la population mondiale sera urbanisée. Le défi sera de nourrir 80 % de la population de la planète sur un axe Tokyo/Lagos, 70 % dans des villes, la moitié dans des bidonvilles.

Si maintenant nous regardons cette évolution sur un plan temporel : l'évolution de la population ne s'est pas faite de façon linéaire. Alors qu'il a fallu attendre des millénaires pour que la population mondiale atteigne le milliard, celle-ci a doublé en l'espace de cent trente ans entre 1800 et 1930 et elle connaît depuis une progression exponentielle : 3 milliards en 1960, 4 milliards dans les quinze ans qui ont suivi et 5 milliards en seulement treize ans pour atteindre les 6 milliards au passage de l'an 2000. Nous avons gagné 4,3 milliards d'êtres humains sur terre en l'espace d'un siècle quand il avait fallu à peu près cent siècles pour atteindre le milliard. La population mondiale a doublé en quarante ans (1960-1999), passant de 3 milliards à 6 milliards. On estime maintenant qu'il faudra quarante-trois ans pour qu'elle augmente de 50 % et atteigne 9 milliards en 2037. Les simulations de l'ONU indiquent que la population mondiale devrait se stabiliser à un peu plus de 10 milliards d'habitants après 2055.

Sécurité alimentaire et ressources

L'augmentation de la population mondiale crée des pressions sur les ressources naturelles, les infrastructures et les services essentiels tels que la santé et l'éducation. Les besoins accrus en nourriture, en eau, en énergie et en logement nécessitent une gestion responsable pour éviter les pénuries et les inégalités croissantes. L'inadéquation entre la répartition de la population sur la planète et la localisation des ressources (notamment alimentaires) vient amplifier le problème.

L'impact de la répartition des humains au niveau mondial sur le modèle d'alimentation n'est pas neutre, il demande une organisation et une politique spécifiques à cause de l'éloignement mécanique des zones de production que l'urbanisation induit, d'autant que celle-ci n'est pas (n'est plus) provoquée par un regroupement autour des zones favorables à la production agricole : les villes ne sont plus systématiquement au centre de plaines fertiles, mais plutôt à proximité des zones de flux commerciaux. C'est notamment ce qui explique le regroupement des populations sur les bordures maritimes. Soixante pour cent de la population mondiale (environ 4 milliards) vit à moins de soixante kilomètres du littoral et le programme des Nations unies pour l'environnement (PNUE) estime que cette proportion sera de 75 % dans trente ans. Métropolisation et concentration littorale sont liées, le phénomène n'est pas nouveau mais s'est accéléré après la Seconde Guerre mondiale : l'épuisement des ressources minières prélevées à l'intérieur des terres a poussé, dans beaucoup de pays, les industries gourmandes en matières premières, désormais importées, à s'implanter sur le littoral.

L'Asie qui compte aujourd'hui 50 % de la population mondiale possède une disponibilité en terres cultivables extrêmement limitée (Chine, Corée, Japon n'ont pas suffisamment de terres cultivables pour nourrir leurs populations). L'Afrique de son côté possède encore des marges de progrès considérables en matière de productivité agricole, la question sera de savoir au profit de qui. Les pays asiatiques ne disposent pas suffisamment de terres, mais ont une capacité financière leur permettant de se nourrir quoi qu'il arrive (l'élection d'un Chinois à la direction de la FAO est un signe qui doit nous faire réfléchir). L'obsession du « produire local » de notre société ne tient pas à l'échelle du monde : manger local est un devoir citoyen quand on a la chance, comme en France, de vivre au milieu de plaines fertiles, mais produire global est une nécessité pour une forme d'équilibre mondial qui s'est établi sur d'autres critères que la nécessité d'un approvisionnement alimentaire local. Remettre en cause toute forme de production alimentaire pour des marchés autres que les marchés locaux conduira inéluctablement à accentuer les déplacements de population. Il ne s'agit pas là d'un jugement de valeur sur l'immigration qui le plus souvent n'est pas choisie, mais d'une mise en garde contre des positions radicales et simplistes (qui ont tendance à se généraliser) affirmant qu'il suffit de produire local. Produire local ne doit pas devenir une injonction d'une classe privilégiée de notre société assise sur des privilèges que par ailleurs elle ne cesse de dénoncer.

Conflits armés et instabilité

Si la quête de nourriture n'est plus la raison première des conflits dans un monde désormais globalisé, les zones de conflits, lorsqu'elles sont situées dans des zones d'approvisionnement de produits alimentaires, affectent quant à elles les équilibres mondiaux. C'est bien sûr le cas de la guerre en Ukraine qui nous démontre régulièrement que l'alimentation peut devenir une arme d'influence par la capacité à délivrer ou non les bons de sortie des cargos de denrées alimentaires de base comme les céréales. La standardisation de notre alimentation montre alors ses limites et apporte un argument supplémentaire au besoin de diversification et de relocalisation des ressources alimentaires. Nous devons porter une attention particulière à l'influence que les conflits peuvent avoir sur l'équilibre alimentaire mondial. La paix et la stabilité sont des prérequis pour relever les défis mondiaux liés à la population, à la sécurité alimentaire et aux inégalités. Ils sont indispensables pour créer un avenir où les besoins de tous sont satisfaits, mais les choses ne se décrètent pas ainsi.

Certains États l'ont bien compris, ce n'est le plus souvent pas le manque de nourriture qui crée les famines, mais la pression et l'instabilité politique que l'on peut provoquer pour manipuler les populations. Il est vain de dire que nous pouvons manquer de nourriture, cependant celle-ci est de plus en plus liée à la capacité et à la volonté d'activer les flux nécessaires à l'approvisionnement alimentaire pour des populations incapables de trouver dans un rayon de deux heures de déplacement journalier de quoi s'alimenter. Pire encore, une mauvaise organisation de la chaîne logistique peut paupériser des populations rurales produisant des denrées capables de nourrir des villes plus ou moins de proximité, rien que par l'incapacité d'y faire parvenir leurs productions. Si la production des denrées nécessaires à leur propre survie doit rester la première préoccupation des populations rurales, il n'en est pas moins vrai qu'il leur est nécessaire de commercialiser une partie de leur production pour leur permettre de satisfaire les autres besoins essentiels à la vie et à la part de confort auxquelles chaque individu peut aspirer. C'est la raison essentielle qui les fait fuir vers les villes.

Renverser le sablier

Notre société s'est construite sur des rapports de force. Le rapport de force est fondé sur la compétition et le conflit. Ils déterminent ensemble le positionnement des acteurs. Toutes les stratégies politiques, économiques et sociales actuelles sont fondées sur des rapports de force, sur la compétition et la gestion du conflit. Le pouvoir et l'autorité s'appuient sur le contrôle de structures centralisées et pyramidales qui régissent les relations culturelles, économiques et sociales. L'ère moderne a exacerbé ces rapports naturellement conflictuels.

Le désir compulsif guide nos vies au-delà de tous repères faisant de l'envie une finalité à assouvir par tous les moyens : *j'ai, donc je suis !* Désir perverti et subi, orchestré par une société matérialiste structurée pour inciter à consommer. Depuis plusieurs siècles, le rapport de force essentiel s'exerce entre les tenants du capital d'une part, et, d'autre part, les tenants de la capacité de travail. Le rapport de force génère la répartition de la richesse entre les deux. La finalité est toujours la même, créer du bien à consommer pour des individus agnostiques auxquels on vend du rêve en *sunlight* exacerbé par l'envie compulsive de posséder pour jouir.

La machine et les outils sont pensés et construits pour assouvir ces désirs. La cité s'est structurée au fil du temps pour aboutir à de nouvelles cathédrales, antres de consommation où l'on pousse un caddie qui se doit d'être rempli, fût-ce d'inutilités qui n'auront d'autres assouvissements que de créer d'autres envies. L'ère moderne a structuré la vie de la cité, en spécialisation verticale des tâches, établissant ainsi des silos souvent étanches et une structuration hiérarchique inamovible. Le jeu de la compétition entre les silos consiste à attirer les compétences pour créer le maximum de valeur ajoutée.

La compétition n'a d'autre objet que d'assouvir un système qui s'est emballé. La seule stratégie qui vaille est fondée sur la compétitivité à produire du bien à consommer. Que l'on pense que le marché pourra à lui seul réguler les rapports pour trouver un équilibre ou bien qu'il soit nécessaire de mettre en place des règles de protection sur un périmètre déterminé, ce ne sont, en fin de compte, que les deux faces d'une même pièce. L'objectif dans tous les cas est de réguler les rapports de force afin de les rendre soutenables. Que reste-t-il de l'homme en tant qu'être unique doté de spiritualité ? Bien peu de chose.

La personne devient un élément anonyme d'un système programmé pour le rendre invisible en tant qu'individu unique. Il ne reste plus qu'un être ancré dans une volonté de productivité, de progression verticale, d'aspiration vers le haut, dans cette conception toute pyramidale d'une société matérialiste où l'individu en tant qu'être singulier n'a pas de place. Le système, sans qu'il n'y ait véritablement de responsables, devient une machine à broyer détachant petit à petit l'homme de ses racines qui ne trouvent plus grand-chose à puiser dans une terre de moins en moins féconde.

Adopter la posture du mutant

La terre, à l'instar de l'homme, se voit résumée en instrument. Elle est devenue au fil des siècles un objet où l'on puise sans se soucier de détériorer, en repoussant les remèdes à plus tard et en laissant les générations futures en proie à des éléments difficilement maîtrisables. Croire que l'on peut avoir la main sur son devenir, en bien ou en mal, est une illusion. De dérèglements climatiques en catastrophes à répétition, il est raisonnable de penser que c'est la Terre qui reprend ses droits tandis que l'homme, individu prétentieux, imagine qu'il peut la détruire et se doit de la protéger.

Le vivant n'est pas un jardin d'Éden où il suffit d'être et de cueillir, c'est un univers complexe où nous avons cru devoir nous battre pour exister, allant même jusqu'à risquer de détruire le vivant. Entre alliance utopique avec la nature et maîtrise totale, un troisième monde reste à construire en prenant le meilleur des deux. Il nous faut simplement avoir l'humilité de penser que le respect du vivant est essentiel pour que nous puissions y trouver notre place en tant que personnes singulières et responsables. Ce sont les liens d'alliance qui conduisent à l'harmonie.

Les personnes n'ont ni la capacité de détruire la planète où elles vivent, ni celle de la reconstruire. Notre capacité spirituelle nous impose la responsabilité des humbles, celle de croire en une force supérieure qu'il nous faut respecter. Cette force supérieure, Dieu invisible pour les uns, Nature souvent tout aussi imaginaire pour les autres, impose en premier le respect entre les personnes. C'est dans un rapport de flux que nous allons devoir nous installer. Les valeurs de l'enracinement dynamique, dans un « territoire », deviennent centrales.

La coopération sera le fil conducteur de la postmodernité, les interactions vont prendre le pas sur l'organisation. Le mutualisme contemporain doit se comprendre comme un enracinement dynamique : le mutualisme n'a pas construit un système de solidarité abstrait et déconnecté de la réalité communautaire ; au contraire, il en a épousé les contours et les formes. Et son implantation sur ses territoires, l'importance donnée à l'expression locale, à la définition de ses propres fins par les sociétaires impliqués dans ce territoire, sont donc à la fois la discipline et l'atout de son fonctionnement dans notre société contemporaine.

Les outils, les machines, le développement technologique, numérique, digital, montrent que le mutualisme peut « regagner ses lettres de noblesse » en puisant sa force dans cette réémergence de valeurs archaïques. L'imaginaire du territoire est renouvelé avec l'avènement d'Internet et des NTIC[1]. Le territoire du Web est favorable à l'expression de la relation sociale ; il apporte une chaleur humaine que les grands espaces de la modernité avaient diluée. Forme d'instant éternel qui n'est plus un report de jouissance sur l'avenir au mépris du temps présent, non plus une dépendance totale aux schémas du passé, mais quelque chose qui s'inscrit à la fois dans l'instant et dans le temps long, structurel, celui qui est nécessaire pour construire ensemble un destin commun.

Le désir d'un monde en commun redevient alors une évidence. Le désir, c'est celui du Petit Prince et du renard : « Si tu m'apprivoises, nous aurons besoin l'un de l'autre, tu seras pour moi unique au monde, je serai pour toi unique au monde [...] ma vie est monotone, dit le renard, je chasse des poules et les hommes me chassent. Toutes les poules se ressemblent, et tous les hommes se

1. NTIC : les nouvelles technologies de l'information et de la communication (NTIC) sont l'ensemble des outils, dispositifs et techniques utilisés pour collecter, stocker, traiter, transmettre et échanger des informations à l'aide des technologies numériques.

ressemblent ? Je m'ennuie donc un peu. Mais, si tu m'apprivoises, ma vie sera comme ensoleillée... » Il n'y a pas de vie sans désir mais celui de s'apprivoiser, de connaître, est bien plus fort que celui de posséder.

Une ère nouvelle se dessine, un récit collectif est à construire, c'est d'abord en chacun de nous que doivent s'opérer les changements. Le sablier de l'histoire construira inéluctablement les éléments vers les mutations nécessaires à l'édification d'un monde en commun. L'agriculture y tiendra une place essentielle, elle sera hybride en raison de son rôle clé par sa capacité à nourrir les populations, à assurer la durabilité environnementale, en assurant le développement des populations rurales et la stabilité sociale ainsi que la santé des hommes et des territoires... Bref, en faisant reposer ses pratiques sur des valeurs !

Chapitre 3

VERS UNE AGRICULTURE HYBRIDE

« Au pied de mon arbre, je vivais heureux, j'aurais jamais dû m'éloigner de mon arbre,

Auprès de mon arbre, je vivais heureux, j'aurais jamais dû le quitter des yeux... »

Il y avait à l'entrée de la ferme un grand pin parasol, son tronc s'élevait vers le ciel et on eût dit qu'il voulait l'atteindre. Dès sa base, il semblait se partager en trois parties comme si trois arbres s'étaient associés mais ne faisaient qu'un. Tout en haut du tronc, tout là-haut, le tronc se divisait en cinq grosses branches formant chacune un ensemble bien à l'horizontale. Ces branches qui n'en finissaient pas se répartissaient ensuite en une multitude de petits rameaux prolongés par des aiguilles sur lesquelles l'automne et l'hiver n'avaient pas de prise. Il formait à lui tout seul une canopée majestueuse que l'on devinait alimentée par un réseau très dense de racines qui n'avaient pas fini de révéler leurs secrets.

Ces racines, ce sont celles qui font l'agriculture, réseau complexe de mise en valeur de la fine couche du sol que l'on découvre vivante grâce à l'eau nécessaire à toute vie et aux animaux essentiels pour apporter de quoi nourrir ce sol. Le tronc commun, c'est celui des missions de l'agriculture dont on a, l'espace de quelques décennies, oublié qu'elles étaient hybrides, capables à la fois de nourrir les femmes et les hommes, de leur apporter une multitude de services et de solutions pour réparer la planète qu'ils ont tendance à malmener. Sa canopée, ses cinq branches, ce sont celles des valeurs que l'agriculture se doit de respecter pour générer un monde sans fin : devenir intensive en connaissances pour être en phase avec la nature, économe en intrants pour la respecter, humainement responsable dans sa mission première de nourrir, au service des territoires en leur apportant des solutions que d'aucuns feignent d'ignorer et d'assurer la transmissibilité d'outils viables, vivables et durables. C'est ainsi qu'il est nécessaire de ne pas s'éloigner de l'arbre de l'agriculture et de ne jamais quitter des yeux les valeurs qui l'animent pour générer un monde sans faim et sans fin.

LES RACINES DE L'AGRICULTURE : METTRE EN VALEUR SOLS, EAU ET ANIMAUX

Le sol, qu'est-ce que le sol ? Que lui faut-il pour qu'il soit vivant ? Afin que nous puissions le différencier des surfaces inertes pour lesquelles nous avons flanqué au sol l'attribut d'artificiel, pour ne pas parler de surfaces mortes. Pour un agriculteur, il n'est pas de sols artificiels, le sol se doit d'être vivant au risque de ne plus être un sol, c'est ce qui le différencie de la terre. Il est cette fine couche fragile de vie souterraine qui génère notre existence et qui nous est encore fort méconnue. Quand nous foulons le sol de nos chaussures, s'il est bien vivant, nous avons sous nos pieds plus de vie qu'il n'y a d'êtres humains sur notre Terre. Cette vie nous la devons à une formidable alchimie entre la décomposition de matières organiques végétales ou animales et la multitude d'êtres vivants qui travaillent en silence. Ensemble, ils fabriquent l'humus générateur de vie. L'humus élément révélateur de la vie, de l'*hum*, racine latine donnant naissance à la fois à humus, humanité et humilité. L'humus fait renaître la vie de la décomposition de la matière organique par l'action combinée des animaux, des bactéries et des champignons du sol, c'est une usine à elle toute seule. L'humanité lui doit son existence, c'est de l'humus que naît notre alimentation et l'humilité sied à l'approche que nous devons avoir de la nature. Il a la capacité de retenir l'eau nécessaire à toute vie, elle doit y être présente en quantité suffisante : ni trop ni trop peu, et nous ne devons jamais oublier que pour tirer le meilleur parti du sol, nous devons veiller à cet équilibre. Il n'y a pas d'agriculture sans maîtrise de l'eau. Il n'y a pas non plus d'agriculture sans sols fertiles et il n'y a pas de sols fertiles sans animaux pour fournir les déjections qui nourriront le sol. Il n'est donc pas d'agriculture prospère sans élevage. C'est alors que l'on peut parler d'agriculture régénérative. L'agriculture régénératrice est un mode global de gestion des terres qui s'appuie sur le pouvoir de la photosynthèse des plantes afin de réintroduire le CO_2 atmosphérique en excès dans le cycle du carbone. Il permet en outre de restaurer la santé du sol, d'augmenter la résilience des cultures et accroît la part d'éléments nutritifs. La vie du sol est la base de l'agriculture de conservation des sols (ACV) dont nous avons parlé précédemment.

Si le sol vivant est pourvoyeur des racines laissant émerger la vie au-dessus de lui, il forme avec l'eau, les plantes que nous cultivons, les animaux que nous élevons, l'essence de notre métier d'agriculteur.

UNE AGRICULTURE HYBRIDE DANS UN TRONC COMMUN

« Un paysan, c'est un tronc d'arbre qui se déplace », écrivait Jules Renard dans son journal. Comme lui, il se doit d'être à la fois solide pour résister aux aléas et flexible pour ne pas rompre ; comme lui, il se nourrit du sol et de l'air, des racines, des branches et des feuilles. Être hybride, il est ancré dans sa terre et se développe pour donner corps à mille usages.

À l'image du tronc de notre arbre, l'hybridation des finalités du métier d'agriculteur doit devenir autant de propositions de valeurs génératrices de revenus. C'est peut-être d'ailleurs parce qu'il a trop longtemps accompli gratuitement un certain nombre de tâches pour la société qu'inconsciemment celle-ci le méprise. Mais finalement, le méprise-t-elle vraiment, ou est-ce la perception manichéenne qui nous est donnée de l'agriculture et qui conduit à cette sensation de mépris par les agriculteurs ? Les gens ont globalement une bonne opinion des agriculteurs, ils disent les aimer mais ne comprennent pas grand-chose à l'agriculture, sorte de nébuleuse complexe qu'ils soupçonnent d'être responsable de tous les maux, notamment ceux dont « leur » planète fait les frais. C'est d'autant plus vrai qu'un certain nombre d'agriculteurs eux-mêmes, relayés par certains médias en quête de sensations, contribuent à ce lynchage. Complices de soulèvements romantiques, plus préoccupés par des idéaux radicaux et révolutionnaires qui n'ont rien à voir avec leur métier, ils ne sont que les instruments de tendances anarchodestructrices pour lesquelles l'agriculture, quel que soit son mode de production, n'est qu'un prétexte pour détruire une société dans laquelle ils ne se retrouvent plus. Nous ne devons rien céder à ce romantisme destructeur et nous devons nous en éloigner pour aller en quête de solutions d'avenir. C'est bien ailleurs que l'agriculture trouvera sa notoriété, c'est dans sa capacité à assumer l'hybridation de ses créations de valeurs et à les assumer.

Productrice d'alimentation

La production alimentaire, si elle fait de l'agriculteur l'artisan d'un monde sans faim, doit être considérée dans un ensemble de missions qui s'hybrident, c'est la base de l'économie circulaire. C'est peut-être de l'avoir un temps oublié en épousant la stratégie de « l'extraire – consommer – jeter » que l'agriculture a perdu une partie de son crédit auprès de la société. À partir de ce constat, pour réussir, l'agriculteur de demain devra être capable d'associer trois éléments pas forcément toujours compatibles : les souhaits des citoyens, les impératifs du consommateur, les exigences naturelles d'une agriculture durable.

Qu'attend le consommateur en matière alimentaire ? Il veut tout d'abord trouver instantanément autour de lui les produits alimentaires qui correspondent à tous ses critères de sécurité sanitaire, de plaisir, de santé, comme à ses valeurs et à ses envies du moment. Il veut adapter sans effort son alimentation quotidienne à son métabolisme et à ses activités physiques et mentales. Il aime à partager avec ses amis la fiche d'un délicieux produit qu'il a découvert, et les endroits où l'on peut le trouver. Voir les producteurs fiers, récompensés de leurs efforts et ainsi motivés à produire mieux pour sa santé et la planète semble devenir une préoccupation nouvelle du consommateur. L'impact écologique et sociétal des denrées alimentaires, le trajet, la distance parcourue par les aliments, deviennent une préoccupation pour beaucoup, ainsi que la maîtrise de la masse des déchets qu'ils génèrent. Ces préoccupations sont légitimes et les agriculteurs doivent les entendre tout en ayant conscience que leurs ressources et leurs compétences leur ouvrent d'autres horizons.

Productrice de services

L'agriculture à toujours produit bien autre chose que de la nourriture pour les hommes, et céder à une sorte de contrainte sociétale imposant l'exclusivité nourricière de l'agriculture, ce serait céder à court terme à un égoïsme d'ignorants qui *in fine* seront les propres victimes de leurs exigences. La professionnalisation de l'agriculture a conduit à sa spécialisation, elle est sûrement là l'erreur ; or le métier d'agriculteur est naturellement un métier hybride qui doit être indissociable de l'envie d'entreprendre en agriculture. Transformer et commercialiser sa production, produire de l'énergie, que ce soit en captant l'énergie du soleil sur ses toits ou en valorisant une partie de la biomasse qu'il produit dans un méthaniseur ou en biocarburants, doivent faire partie des stratégies de l'entreprise agricole tout en étant complémentaire de la production d'alimentation. C'est aussi vrai pour l'ensemble des bioproduits[1] qui demain seront essentiels à notre économie confrontée à la raréfaction des ressources naturelles.

L'hybridation doit aussi s'exprimer dans les manières de faire, dans la complémentarité entre les cultures et l'élevage, entre la vente de produits et l'accueil à la ferme, entre circuits longs et circuits courts. L'accueil doit devenir une stratégie d'entreprise pour les agriculteurs de demain qui doivent savoir capter la soif de découverte de leurs concitoyens avides de redécouvrir un univers que la société de consommation a conduit à ignorer. Une ferme n'a pas vocation à devenir un parc d'attractions pour des touristes en mal de nature, mais un espace économiquement, socialement et naturellement vivant capable d'apporter une réponse globale à une société qui a envie de casser ses silos. Les stratégies commerciales des fermes de demain ne doivent plus être fondées sur un choix entre des circuits de commercialisation dans des filières longues et des filières courtes ; elles doivent se fonder sur une stratégie de complémentarité entre les deux en complétant la vente en direct par des prestations de découverte qui tiennent compte de ce que Gabrielle Halpern[2] appelle la

1. Les bioproduits sont des produits biosourcés issus de la valorisation non alimentaire de produits agricoles. Ils sont fabriqués à partir de matières premières renouvelables et non de matières premières d'origine fossiles, ce qui leur confère un intérêt pour la préservation de l'environnement. Les bioproduits peuvent être utilisés dans la fabrication de nombreux produits tels que les emballages alimentaires, les vêtements et fibres textiles diverses, les produits d'hygiène et de cosmétique ou les détergents ménagers, les encres d'imprimerie, etc.
2. Gabrielle Halpern est docteur en philosophie et diplômée de l'École normale supérieure. Elle a travaillé au sein de cabinets ministériels, avant de participer au développement de start-up et de conseiller des entreprises et des institutions publiques. Ses recherches portent sur l'hybridation.

philosophie du « *care* » qui se manifeste par une attention accrue au rythme biologique de chacun (terre, animal, humain).

Certains agriculteurs l'ont déjà compris, c'est le cas de mes voisins viticulteurs de la maison Mourat[1] qui proposent des parcours œnotouristiques, des repas à la cave, des espaces de réception, sans oublier le cœur de leur métier : de succulents breuvages que l'on peut trouver à la fois en grande surface ou directement dans le magasin du chai.

Apporteuse de solution face aux enjeux environnementaux

On entend de plus en plus souvent dire que si l'agriculture est une partie du problème environnemental, elle détient également une partie des clés de la solution et bien au-delà des évolutions nécessaires pour atténuer ses propres imperfections sur le plan environnemental. Les agriculteurs ont de formidables alliées, des panneaux photovoltaïques naturels qui purifient l'air et nourrissent le sol : ce sont les plantes qu'ils cultivent.

Un des enjeux majeurs de l'agriculture de demain sera de donner les moyens aux agriculteurs de pouvoir faire fonctionner ces « panneaux photovoltaïques » et de les rémunérer pour ça afin qu'ils puissent capter tout le carbone que les activités humaines ne pourront pas éviter de libérer dans l'air même en veillant à limiter au maximum ces émissions. Il est là le premier enjeu du contrat environnemental que l'agriculteur doit passer avec la société. Comme tout contrat, il doit être composé d'engagements mutuels : pour l'agriculteur, c'est de tout mettre en œuvre pour capter le maximum de carbone en régénérant des sols vivants et un maximum de biomasse, et pour la société d'accepter de rémunérer les agriculteurs dans leurs activités de « carboniculteurs ». Pour

1. La maison Mourat est le principal vignoble des « Fiefs vendéens ».

réussir, il est nécessaire de faire de l'accès à l'eau pour les agriculteurs une priorité parce qu'il ne peut y avoir de sols vivants et de développement de biomasse sans eau. Outre le fait que la maîtrise de l'eau est essentielle à la sécurisation des cultures, elle l'est aussi pour la captation du carbone et les deux sont parfaitement hybridables. Bien sûr, le contrat mérite d'être affiné, les entreprises émettrices de carbone et les territoires doivent jouer un rôle dans cette rémunération. La bonne nouvelle est que des initiatives déjà se prennent : c'est le cas de Solenat[1] dans ma région des Pays de la Loire ou de France Carbone Agri[2] sur le plan national.

CINQ BRANCHES POUR PORTER CINQ ENGAGEMENTS D'UN MONDE SANS FAIM

Montez à la cime d'un arbre, s'il est assez haut (et le nôtre est haut), et vous y découvrirez l'horizon en vous disant qu'il est tentant de vouloir l'atteindre. Bien posé sur une branche, vous pourrez tout d'abord goûter la satisfaction d'être arrivé ici et, en pointant l'horizon, vous dire que vous voulez aller là, tout au bout, sur ce trait à peine perceptible que dessine votre doigt. Y parvenir sera possible mais il vous faudra vous engager, souvent coopérer avec d'autres rêveurs qui, comme vous, désirent atteindre le même objectif, respecter les chemins que vous allez emprunter, être inventif pour dépasser les obstacles sur le chemin et accepter les collaborations les plus inattendues en

1. Solenat est une association d'intérêt général créée par les agriculteurs des Pays de la Loire qui vise à renforcer les interactions positives entre agriculture et environnement en proposant des services environnementaux mis en œuvre par des agriculteurs volontaires.
2. France Carbone Agri est une organisation qui accompagne les agriculteurs dans leurs démarches pour réduire leurs émissions de gaz à effet de serre et stocker du CO_2 en utilisant des pratiques agroécologiques.

veillant à éduquer, sensibiliser à votre cause ceux que vous allez croiser.

Cet horizon, c'est celui d'un monde sans faim. Ce monde sans faim... et sans fin, nous ne pourrons l'atteindre que par des engagements collectifs. Ces engagements, nous allons les faire porter par les cinq branches qui nourrissent notre tronc commun, lui permettant ainsi de développer les trois piliers du tronc qui, tel un centaure, n'en font qu'un.

Dans une forêt, les arbres ont cela de magique que les racines et la canopée se nourrissent mutuellement. Les racines puisent dans le sol, l'eau et les nutriments qui permettent aux arbres de grandir grâce à la formidable usine animée par une multitude de travailleurs de l'ombre; la canopée, cet énorme champ photovoltaïque naturel, sait filtrer la lumière, évite l'évaporation trop abondante, abrite une multitude d'êtres vivants et, surtout, capte le carbone qui forme l'ossature de l'ensemble des arbres depuis les feuilles qui le captent jusqu'au bout de la dernière radicelle au plus profond du sol.

Dans cette forêt, les baliveaux et les brindilles s'entraident. Dans un monde rêvé, notre agriculture devrait ressembler à cette forêt ; ce n'est pas toujours le cas, même si le monde agricole est souvent animé par de solides valeurs d'entraide et de solidarité. Nous devons nous engager à développer ces valeurs. Les cinq branches de notre arbre seront porteuses de ces valeurs affichées comme des engagements pour un monde sans faim : la responsabilité environnementale, l'innovation agricole, la justice sociale, la collaboration mondiale et l'éducation/sensibilisation. Elles formeront ensemble les cinq branches de notre arbre dont toute la forêt sera fière.

La responsabilité environnementale

L'agriculture ne doit pas considérer sa responsabilité environnementale comme une contrainte mais comme une opportunité, voire comme une aubaine ! Connaissez-vous une autre activité tenant autant du vivant ? C'est du rapport de l'homme à la nature qu'est née l'agriculture, de sa capacité à en obtenir le meilleur pour assouvir ses deux besoins fondamentaux : sa liberté et se nourrir. Le développement de l'agriculture depuis la seconde moitié du XXe siècle a été rendu nécessaire par l'augmentation simultanée des populations et celle du niveau de vie (essentiellement dans les pays occidentaux). Ces deux phénomènes ont exigé une augmentation exponentielle des productions alimentaires. Trop de gens ont désormais tendance à l'oublier, criant au scandale d'une agriculture qu'ils considèrent avant tout comme polluante. C'est oublier trop facilement que c'était pour assouvir leurs propres demandes qu'elle s'est développée ainsi.

Si les alertes brandies par d'authentiques visionnaires écologistes dès les années 1950-1960 étaient justifiées, elles n'avaient que peu d'échos tant la demande alimentaire associée à une soif sans précédent de liberté était grande. Les techniques de l'époque respectant l'environnement avaient une trop forte incidence sur les rendements pour qu'elles puissent être véritablement employées. Le développement de l'agriculture s'est fait par l'utilisation de palliatifs pour compenser d'hypothétiques lacunes de la nature sans qu'il n'y eût vraiment d'autres choix. Un point important est à noter pour la suite : si la nature n'est pas parfaite, c'est toutefois l'ignorance des secrets du vivant qui a souvent conduit à l'utilisation d'engrais pour nourrir les cultures et de pesticides pour les protéger.

Aurions-nous dû réagir plus tôt ? Oui certainement, l'utilisation désormais massive des engrais et des pesticides n'est pas sans effets sur notre environnement : biodiversité, santé des sols, qualité des eaux s'en trouvent altérées, des biorésistances s'installent conduisant à un « toujours plus » destructeur. Et finalement, nous allons vite atteindre les limites du système par la raréfaction des matières premières nécessaires à la fabrication des engrais chimiques et des pesticides.

Deux voies s'offrent à nous : sortir de cet engrenage drastiquement par des règlements et des contraintes, ou bien chercher à comprendre le fonctionnement de la nature pour en obtenir le meilleur. Toujours plus de contraintes et de règlements nous conduisent vers une baisse désormais inquiétante de productivité et à la dépendance alimentaire. Si notre engagement vers une agriculture respectueuse de l'environnement ne doit pas faire débat, c'est résolument vers la voie de l'innovation que nous devons nous engager.

L'innovation agricole

Les dernières décennies ont vu l'émergence et le développement de nouvelles technologies permettant d'agréger et de travailler les connaissances comme jamais l'homme n'a pu le faire auparavant. Et nous n'en sommes qu'au début, à tel point que ces technologies peuvent parfois donner le vertige. Nous permettront-elles de nous affranchir des engrais minéraux et des pesticides ? À terme, oui, certainement ; avec le niveau de connaissance qui est le nôtre, à court terme, résolument non !

Nous devons commencer par essayer de réduire les apports. L'objectif de réduction des intrants sans altérer la capacité de production est possible, les agriculteurs, les centres de recherche, les organismes de conseil sont déjà à l'œuvre. Se passer des engrais chimiques et des pesticides n'est pas possible aujourd'hui, mais doit être l'horizon à atteindre. Il faudra du temps, mais c'est pour cette raison qu'il faut s'y employer dès maintenant.

Pour y parvenir, nous devons enclencher ce qui nous permettra de passer d'une agriculture intensive en intrants à une agriculture intensive en connaissances. Si ce que nous avons extrait de la terre durant les dernières décennies et l'impact que cela a créé sur notre planète doit nous faire réfléchir, nous devons tout autant être conscients du degré de méconnaissance que nous avons de celle-ci. Il est temps de se retrousser les manches pour que notre planète nous révèle les secrets qui nous permettront de simplement continuer à y vivre tout en la respectant.

Innover ne doit pas être une option mais un engagement. Le triptyque innovation, recherche, expérimentation doit s'inscrire dans une stratégie globale hybridant toutes les disciplines, qu'elles soient numériques, technologiques, biologiques, mais aussi organisationnelles et sociales. La mobilisation de l'intelligence collective et la fécondation croisée[1] doivent être la règle.

Il n'y a jamais de mauvaises idées *a priori*, nous devons explorer toutes les nouvelles méthodes, technologies et connaissances permettant d'améliorer l'efficacité, la productivité et la résilience de l'agriculture. Nous devons relever les défis croissants liés à la production alimentaire tout en en réduisant les impacts négatifs.

La justice sociale

L'approche sociale de l'agriculture peut s'aborder sous trois angles : l'équité dans le traitement de tous les agriculteurs et de leurs collaborateurs, le devoir d'apporter à chaque citoyen la nourriture dont il a besoin, et l'engagement envers les générations futures en veillant à avoir des exploitations transmissibles, viables et vivables.

« Nous avons besoin de toutes nos agricultures », la formule peut sembler quelque peu banale, c'est pourtant une des clés de l'agriculture de demain. L'agriculture est naturellement plurielle

1. Fécondation croisée : qui s'enrichit réciproquement.

par la diversité des territoires, des productions, et des femmes et des hommes qui la pratiquent. Doit-on choisir entre ces différents modèles d'agriculture ? Non, évidemment, dans la mesure où ils respectent un triple engagement : être économiquement viables, équitablement soutenus pour les services rendus à la société, aux territoires, à l'économie, et environnementalement acceptables tout en prenant soin de mettre toutes les garanties de leur côté. Prenons le cas de l'eau, sujet éminemment sensible et qui fait débat : on parle souvent de partager l'eau, ce qui est à mon sens une erreur conceptuelle originelle. Si nous voulons réussir le pari d'avoir de l'eau disponible pour tous, il est préférable d'adopter une attitude proactive de mise en œuvre des éléments capables de satisfaire à la fois l'accès à l'eau potable pour toutes les populations, la satisfaction des besoins du milieu particulièrement en période sèche et la garantie de résultats, et donc de rendements pour les agriculteurs (auquel il convient d'ajouter les autres besoins économiques). Une société volontariste, dynamique et prospère ne doit pas se poser la question de partager une hypothétique pénurie qu'elle continue inconsciemment de développer par son inertie. Il est essentiel, avant de parler de partage, de sécuriser la disponibilité par des stockages environnementalement acceptables et capables de satisfaire les besoins des hommes, des milieux, de l'économie. C'est possible, l'exemple de la Vendée qui m'est chère en témoigne[1] !

C'est par son dynamisme, sa capacité de création, son aptitude à privilégier le collectif que le monde agricole est socialement responsable. C'est par la confiance qui lui sera faite qu'il continuera de l'être et non par les injonctions d'une société malade d'elle-même. Les brindilles et les baliveaux ne se développent jamais mieux que quand ils sont capables de coopérer.

1. Nous aborderons le sujet page 141 dans le chapitre consacré à l'eau.

La collaboration mondiale

À l'image d'un monde fait de brindilles et de baliveaux, toutes les agricultures sont différentes, et ces différences doivent être source d'enrichissements mutuels. En matière d'innovation agricole, c'est au niveau mondial que les grands principes régissant les rapports avec le vivant doivent être fixés. Il n'y a pas ceux qui savent et ceux qui doivent apprendre, seul l'enrichissement mutuel que ce soit sur le plan technique, technologique ou organisationnel, peut permettre à chacun d'avancer et de véritablement innover.

C'est par exemple en l'oubliant ces dernières décennies que nous sommes passés à côté de la sélection variétale sur de nombreuses espèces telles que le mil, le manioc et bien d'autres que l'on qualifie d'orphelines. Ces espèces n'ont jamais été à même de révéler tout leur potentiel en matière de rendement, de qualité nutritive, d'adaptation au climat, simplement parce qu'on ne s'est jamais préoccupé de travailler les souches capables d'obtenir ne serait-ce qu'un rendement stable d'une année sur l'autre. Elles sont considérées comme non rentables par les multinationales qui dominent la sélection végétale et les technologies les plus élaborées telles que les NBT[1], et même les OGM ne doivent pas être exclus du champ de l'innovation. C'est leur utilisation pour privatiser le vivant qui doit être banni.

Il n'y a pas de mauvaises technologies, simplement des utilisations à mauvais escient ! Le rejet de ces technologies est une erreur tant elles seraient plus utiles pour améliorer les espèces autochtones consommables qu'une hypothétique adaptation du blé, du maïs ou même du riz à des régions où ils ne poussent pas bien. L'itération des techniques de sélection doit prendre le pas sur la recherche du coût marginal zéro en matière de sélection végétale.

1. NBT : New Breeding Techniques ou nouvelles techniques de modification du génome (voir page 136).

Nous devons nous poser la question de la compatibilité de la propriété intellectuelle et du monde du vivant : le vivant est un bien commun qui doit rester non vénal. Il est nécessaire de mettre en place un cadre capable de définir ce qui doit être du domaine de l'*open source* et que l'on pourra répéter d'une espèce à l'autre, d'une région à l'autre, d'une production à l'autre, et ce qui peut être privatisé : une sorte de Creative Commons[1] du vivant.

Nous devons, sur le plan international, mettre en place les éléments qui permettront à la science de travailler dans ces conditions sans pour autant tomber dans les travers du collectivisme, bien souvent animé des mêmes intérêts que le capitalisme qu'il feint de dénoncer pour mieux en épouser les travers. Tout comme le vivant, les moyens scientifiques, techniques, technologiques qui facilitent son utilisation pour l'agriculture, l'alimentation, l'amélioration de l'environnement doivent également entrer dans une sorte de pot commun régi par un code de déontologie permettant de fixer les limites à ne pas dépasser.

Cette vision peut paraître angélique, c'est pourtant ce qu'essaient de mettre en place les organisations et les pays engagés dans le GODAN[2] pour contribuer à assurer la sécurité alimentaire pour des millions de personnes à travers le monde. L'importance de travailler ensemble à l'échelle internationale pour relever les défis mondiaux de la faim et de la durabilité est un enjeu majeur.

L'éducation et la sensibilisation

Dans une forêt, les arbres ont ceci de magique que les racines et la canopée se nourrissent mutuellement, il n'est jamais superflu de

1. Creative Commons est une organisation à but non lucratif qui propose des licences de libre diffusion pour les œuvres créatives permettant aux auteurs de conserver certains droits et au public d'utiliser et de partager ses œuvres.
2. Global Open Data for Agriculture and Nutrition.

le répéter. Se nourrir réciproquement, c'est apporter le meilleur de soi-même à la construction du bien commun. C'est dans cet esprit que l'éducation, la sensibilisation, la transmission doivent être envisagées. Il n'y a pas ceux qui savent et ceux qui doivent apprendre, l'éducation est avant tout une œuvre mutuelle de construction de soi par la mobilisation de l'intelligence collective.

Nous devons avant tout comprendre qu'il est nécessaire d'écouter pour comprendre les incertitudes, les anxiétés et les attentes de l'autre. C'est particulièrement vrai quand la tectonique des plaques de nos certitudes est ébranlée par les évolutions de notre civilisation. Nous devons admettre un double dilemme : celui de notre impatience de voir les choses changer et la crainte du saut dans l'inconnu. La pire des choses serait (j'allais dire est) de sommer les autres de changer sans véritablement se remettre en cause. Dans le désir de changement de chaque jeune avide d'une société nouvelle, il n'y a pas un zadiste qui sommeille et dans chaque agriculteur un pollueur irresponsable.

Oui, l'agriculture va devoir évoluer, le consommateur et le citoyen également. Nous allons devoir envisager l'avenir autrement, mais nous ne savons pas encore vraiment comment. Éduquer, former, sensibiliser seront des gages d'acceptabilité des changements nécessaires. Pour réussir, nous devrons responsabiliser sans culpabiliser, éveiller les esprits sans endoctriner, instruire tout en acceptant d'apprendre.

Apprendre, ce sera avant tout accepter qu'il faudra du temps, que tout ne se fera pas d'un coup et que l'adhésion du plus grand nombre à une partie du changement sera plus profitable que de viser un objectif inatteignable pour la majorité. La bonne nouvelle est que la jeunesse semble sensibilisée, même si elle n'a pas encore véritablement aligné ses actes de consommation sur ses désirs de voir le monde changer, preuve s'il en est que le temps doit faire son œuvre.

Chapitre 4

L'INNOVATION HEUREUSE : L'AVENIR EST AUX AGRIPRENEURS

Comme une petite musique montant du fond de la brousse, le terme *agripreneur* désigne de plus en plus une jeunesse africaine qui a bénéficié des meilleures formations dans les écoles et les universités du continent, mais aussi en France, au Royaume-Uni, aux États-Unis et plus globalement dans les meilleures universités du monde. Ils sont au Sénégal, en Côte d'Ivoire, au Cameroun, au Burkina Faso, au Togo, au Bénin pour ne parler que de quelques pays de l'Afrique francophone où j'ai pu rencontrer ces agripreneurs. Ce qui les anime, c'est avant tout l'envie d'entreprendre en dehors de tout dogmatisme. C'est également le besoin de produire, de transformer et de commercialiser ce que leurs terres sont capables de leur donner.

Les exemples ne manquent pas : c'est le cas de Souleymane Agnès, fondateur de Fraisen au Sénégal, qui a développé la production de fraises en Afrique de l'Ouest et qui désire maintenant ouvrir une école d'agriculture pour assurer la formation de ses collaborateurs ; c'est aussi le cas d'Herman Kouassi, fondateur d'Incub'Ivoire, qui développe un parcours à l'installation pour les agripreneurs en Côte d'Ivoire ; je peux également vous citer Flavien Kouatcha et Bertrand Foffé au Cameroun qui développent un système d'aquaponie urbaine et de production de volaille, ou encore Yaya Paré au Burkina Faso qui se présente lui-même comme un jeune agripreneur burkinabé. J'aurais pu vous citer Edeh Dona Etchri au Togo et Ken Lohento au Bénin et à la FAO, et bien d'autres qui accompagnent les agripreneurs.

Je peux me targuer de les compter parmi mes amis. Leur ai-je apporté quelque chose ? Je ne sais pas, mais une chose est sûre : eux m'ont beaucoup appris. Les difficultés qu'ils ont à affronter sont sans commune mesure avec les états d'âme de nos sociétés engoncées dans un confort suranné. L'enthousiasme et l'envie d'entreprendre qui les animent avant toute autre considération leur permettent d'affronter les difficultés. Rien n'est impossible à celui qui veut aller au bout de ses rêves, c'est la définition même de l'esprit d'entreprise. Ils me remplissent d'admiration quand notre pays, à l'instar de notre vieille Europe, s'embourbe dans des considérations philosophico-dogmatiques de retrait de son agriculture, nourrissant des importations croissantes et une perte de souveraineté alimentaire.

Quelles sont les relations que nous devons entretenir avec eux ? Loin des postures coloniales d'un autre âge et de la déconstruction postcoloniale tout aussi mortifère, c'est une relation entrepreneuriale d'égal à égal que nous devons créer. Encore nous faut-il adopter nous-mêmes cette attitude d'agripreneur et l'imposer à nos décideurs si nous ne voulons pas, dans quelques années, voir ces relations se résumer à celles de clients (nous) à fournisseurs (eux). Il nous reste des atouts pour conserver et même développer de nouveaux liens avec ces agricultures en devenir, mais c'est chez nous désormais que les révolutions sont à faire pour retrouver l'ambition de produire, de créer de la richesse… en un mot d'entreprendre.

Heureusement, notre capacité d'entreprendre n'est pas complètement perdue, les jeunes agriculteurs qui désirent s'installer l'ont encore. Ils l'auront d'autant plus s'ils sont en mesure de dépasser l'attentisme des facilités que génère un protectionnisme parfois destructeur. À l'image de la jeunesse africaine, il est temps de retrouver l'ambition de faire de la France un pays d'agripreneurs. La liberté d'entreprendre doit redevenir une nécessité, l'agroécologie elle-même y gagnera.

Si l'écologisation est incontestablement la voie d'un avenir heureux, l'écologie de l'apocalypse ne peut nous conduire qu'à un chaos duquel notre double besoin séculaire de liberté et de manger ne sortira pas indemne. C'est la raison pour laquelle nous devons lui tourner le dos.

TOURNER LE DOS À L'ÉCOLOGIE DE L'APOCALYPSE

Tous les éléments qui montrent la fin d'une civilisation sont aujourd'hui réunis : environnement menacé, climat perturbé, résurgence des conflits, délitement des alliances diplomatiques et commerciales et aveuglement des élites impuissantes face à un monde qui change. Si ces indicateurs marquent la fin d'un monde, ils ne marquent pas la fin du monde. Les facteurs d'une renaissance sont eux aussi réunis : une nouvelle appréhension du monde qui émerge, une période de très grande créativité, des innovations de rupture et des certitudes qui volent en éclat.

Dans ce contexte de profonde mutation, la quête de sens peut parfois conduire à l'expression d'un rejet d'une société qu'il convient de dénoncer en s'exhibant dans des rassemblements qu'il suffit de qualifier de désobéissance citoyenne pour prétendre qu'ils permettront de construire un avenir qui fera société commune.

Nous pourrions être tentés d'y trouver un intérêt si ces manifestations respiraient l'enthousiasme et l'espoir. *A contrario*, ils ne laissent transparaître qu'une obsession de détruire justifiée par un besoin de faire table rase du passé par ce qu'ils appellent pudiquement de la déconstruction. La volonté d'abattre doit être portée en étendard pour avoir le droit de se dire responsable. Il n'y a pas d'idées nouvelles dans tout ça, simplement une incapacité à s'émanciper des vieilles idées : les ZAD ont remplacé les communautés hippies (en ayant perdu l'enthousiasme et la non-violence au passage), mais elles ne deviendront jamais des kibboutzim prospères, si ce n'est pour quelques gourous fantasmant d'être admirés par une communauté béate de révolutionnaires en carton-pâte.

Face à la fuite en avant d'un matérialisme exacerbé porté par une consommation toute-puissante, les solutions ne seront pas dans les chaos d'un grand soir de rédemption écologique sur fond de collapsologie, mais dans la capacité à insuffler une dynamique porteuse d'avenir pour le plus grand nombre, seule capable de susciter l'adhésion.

Mettre en place un rythme adapté

Que nous le voulions ou non, la transition nécessaire demandera du temps et l'oublier ne fera que ralentir le mouvement. Nous sommes bel et bien en train de changer d'ère et ce changement d'ère ne peut se réaliser dans l'urgence. Il ne s'agit pas ici de temporiser pour avoir le temps de sortir de nos habitudes. Il s'agit simplement de prendre les choses dans l'ordre. La prise de conscience d'une jeunesse avide d'un avenir moins matérialiste où le sens prend le pas sur l'envie compulsive de consommer ne peut que nous réjouir. La prise de conscience est la première étape essentielle au changement, mais elle est naturellement suivie du désir immédiat de palper ce changement, c'est ce qui réclame l'urgence. Il faut cependant accepter que les choses ne soient pas si simples, l'urgence se confond souvent avec la précipitation qui le plus souvent ne mène à rien de bon. Si je crois en la capacité de l'homme à surprendre l'avenir, c'est par ses actes et non par ses injonctions qu'il doit y parvenir, et agir demande du temps. Alors l'urgence prend un tout autre sens, elle devient notre capacité à nous retrousser les manches et à faire ! Et là, c'est tout autre chose : notre avenir n'est plus dans ce que nous demandons aux autres de faire, mais dans ce que nous avons la volonté et la capacité de faire. C'est en faisant et non en théorisant que nous commençons à découvrir qu'il faut du temps pour que les choses se mettent véritablement en place.

C'est particulièrement vrai en agriculture pour deux raisons : le rythme des saisons et le besoin de stabilité. Depuis que le monde est monde, la plupart des céréales se sèment en fin d'automne aux alentours de la Toussaint ; elles doivent passer l'hiver en terre pour se récolter aux premières heures de l'été. Les légumes ont un rythme plus court, ils peuvent pousser à contre-saison, mais sous atmosphère confinée (sous serre) et se pose alors la question de la consommation énergétique. Pour ce qui est des protéines animales, si un poulet ou un porc s'élève en quelques semaines ou quelques mois, il faut des années pour obtenir de la viande bovine, et pour qu'une vache puisse produire du lait, il sera en outre nécessaire qu'elle donne naissance à un veau à peu près chaque année. La deuxième raison pour laquelle nous ne pouvons pas aller aussi vite que nous le voudrions tient au besoin impérieux de stabilité : nous voulons manger au moins deux fois par jour, le plus souvent trois et en quantité suffisante pour satisfaire nos besoins vitaux. Si la quête de qualité est un désir qui se respecte, il est rendu possible par ce qui est désormais considéré comme un droit : la salubrité de notre alimentation et surtout la disponibilité immédiate en quantité que nous croyons définitivement assurée. Dire que ce n'est pas une évidence, que cela ne va pas de soi, prête même aux railleries d'une jeunesse qui n'a jamais connu la disette. On peut toujours se soulever pour dénoncer tout ou n'importe quoi, c'est facile ! Faire prendre le risque de pénurie alimentaire par des exigences inconsidérées peut conduire à la barbarie. Les critiques faciles pour déclencher des soulèvements citoyens sont aisées mais elles n'ont pas la capacité à faire pousser les radis.

Susciter l'adhésion

Susciter l'adhésion pour un monde sans faim peut sembler une évidence, c'était déjà le pari de la révolution verte. Nous avons pu satisfaire les besoins de l'augmentation des populations passées de 3 à 7,5 milliards en cinquante ans, mais nous n'avons jamais pu réduire le nombre de mal-nourris, même si les causes de la sous-nutrition ne sont pas toujours dues au manque de nourriture. Cela doit toujours rester un objectif pour toutes les femmes et tous les hommes de bonne volonté. Susciter l'adhésion pour un monde sans faim en respectant les impératifs d'une planète dont les ressources sont finies est déjà plus compliqué à faire admettre, d'autant qu'actuellement les éléments ne sont pas réunis pour ça. Ils le sont d'autant moins que nous ne connaissons pas véritablement l'état de ces ressources, ni notre capacité à renouveler les ressources qui peuvent l'être, et encore moins de savoir comment faire ça à grande échelle. Alors susciter l'adhésion à l'innovation pour un monde sans faim en tenant compte de ce que peut durablement accepter la planète relève parfois du rêve qui peut vite tourner en cauchemar.

Trois leviers sont possibles pour y arriver : le levier de l'évolution des consommations, celui de l'évolution des modes de production et de notre capacité d'anticipation. La réussite dépendra de notre capacité à trouver l'alchimie capable d'obtenir les meilleurs résultats dans un temps le plus court possible sans tomber dans la précipitation, nous l'avons vu !

Deux voies sont possibles pour y arriver : se fixer des objectifs très ambitieux que seuls quelques-uns seront capables (ou auront simplement envie) d'atteindre, ce qui ne pourra le plus souvent se faire qu'en stigmatisant ceux qui n'adhèrent pas pour ensuite conduire à des affrontements destructeurs et finalement à pas grand-chose ; ou alors, deuxième hypothèse, créer une dynamique capable d'amener 80 % des gens jusqu'à 80 % d'un objectif atteignable, ce qui est déjà énorme.

Une troisième voie consiste à imposer jusqu'à la contrainte des objectifs qui tiennent parfois de l'utopie en acceptant les dégâts qu'ils causeront sur l'espèce humaine et en faisant le pari que de toute façon ce sont les vainqueurs qui font l'histoire.

Cette troisième voie ne doit pas être considérée comme inenvisageable, en sachant que certains y pensent. Si elle ne doit pas être considérée comme inenvisageable, elle doit être combattue. Il nous faut ouvrir les yeux. Nous serions parfois bien avisés de regarder ce qu'est la réalité qui se cache derrière certains soulèvements pourtant drapés de pacifisme pour y découvrir des réalités parfois bien plus machiavéliques qu'il n'y paraît. Écrire : « La catastrophe écologique n'est pas à venir, elle est déjà là. Nous allons cibler et bloquer les responsables, occuper et cultiver les terres arrachées[1] » devrait plus tenir de poursuites pénales que de l'acceptation d'une *buzz line* pour éveiller les consciences… avant que l'inconséquence d'un tel affichage ne soit l'étendard de barbaries inéluctables.

Pour ma part, je fais plutôt le pari de l'innovation capable d'amener 80 % des personnes concernées vers 80 % de changement, ce qui tient déjà plus de la rupture que de l'incrémentation.

Créer une dynamique volontaire de mobilisation de moyens

Accepter les impondérables du temps et susciter l'adhésion ne suffiront pas à créer les conditions de l'innovation pour un monde sans faim dans une planète finie, et nous allons devoir mobiliser d'importants moyens financiers. C'est la troisième clé essentielle pour se donner véritablement les capacités d'agir. La mobilisation des moyens financiers est intimement liée à la gouvernance permettant le déploiement de ces moyens, l'un ne va pas sans l'autre. Il y a trois manières pour parvenir à mobiliser les moyens nécessaires :

1. Compte X de l'association Les Soulèvements de la Terre.

le prélèvement arbitraire de l'argent nécessaire, reste à savoir par qui ? La mobilisation volontaire du monde de la finance, peut-on lui faire confiance ? Un *new deal* pour un « contrat naturel[1] » respectant notre besoin de liberté et de nous nourrir, utopie ou réalité plausible ? Le gage de la réussite sera sûrement dans un mixte des trois, et c'est surtout la mise en place d'une gouvernance réaliste entre les trois options qui déterminera les clés de la réussite par la volonté d'agir qu'elle engendrera.

Ce que j'ai appelé de manière volontairement provocatrice « prélèvements arbitraires » de moyens financiers réfère à des prélèvements rendus arbitrairement obligatoires par l'impôt ou la nationalisation. La part que chacun doit apporter à l'effort global est bien sûr nécessaire, mais croire que l'on doit compter uniquement là-dessus relève plus du totalitarisme que de la démocratie. Le raccourci qui consiste à haranguer les foules en prétextant qu'il suffit de faire payer les riches tient plus du rêve caché de devenir un potentat que de véritablement se donner les moyens d'un projet viable et vivable pour les « gens », comme dirait un spécialiste de la question.

Nous ne pouvons pas non plus tout attendre d'une mobilisation volontaire de sommes considérables venant des fonds privés, même si les ESG[2] sont en passe de devenir des critères d'acceptabilité, de rentabilité et même d'existence pour les entreprises et les fonds financiers. La mobilisation d'une jeunesse en quête de sens telle que celle des étudiants d'Agro Paris Tech le 30 avril 2022, n'est pas sans impact à ce niveau et nous ne pouvons que nous en réjouir. La mobilisation volontaire a un intérêt majeur sur la collecte et la

---

1. Le contrat naturel : « Le contrat naturel est ce cadre de pensée d'une nouvelle coexistence avec la Terre permettant de renouer intérieurement avec le vivant pour agir avec lui dans une relation d'épanouissement réciproque », Michel Serres.
2. ESG : les critères environnementaux, sociaux et de gouvernance sont des dimensions englobant les activités d'une entreprise pouvant avoir des impacts sur la société ou l'environnement.

distribution publique, c'est celui de l'agilité et de l'efficacité. Nous devons cependant reconnaître que l'utilisation qui est faite des moyens ainsi mobilisés est au bon vouloir de ceux qui les libèrent, et c'est là encore sur la gouvernance que nous allons buter.

La voie du *new deal* pour un « contrat naturel » serait en quelque sorte un mix des deux avec une gouvernance fixant un cadre et des objectifs de résultats. La manière de mobiliser les fonds de ce *new deal* reste à construire. Il y a derrière cette démarche une notion de commun qui me séduit. Les « communs » font référence à des ressources, des biens ou des espaces qui sont partagés et gérés collectivement par une communauté ou un groupe de personnes. Ces ressources peuvent être tangibles, comme les terres, l'eau ou les outils, ou intangibles, comme les connaissances, les logiciels libres ou les œuvres culturelles. L'idée fondamentale des communs est de permettre un accès équitable, une utilisation responsable et une gestion durable de ces ressources afin de répondre aux besoins collectifs et de préserver leur disponibilité à long terme. Ce n'est pas à mon sens la même approche que l'approche collectiviste très administrée. Elle me semble être une voie qui peut susciter l'adhésion des jeunes générations, et elle intègre une notion de liberté qui me séduit, c'est peut-être aussi ma part d'utopie de vieux boomer… L'avenir nous le dira !

POURQUOI LA RÉUSSITE EST DANS L'INNOVATION ?

Le besoin de liberté est avec celui de se nourrir un besoin fondamental pour l'homme, nous l'avons affiché dès les premières lignes de cet essai. La liberté et l'innovation sont intimement liées car la liberté favorise la créativité et la pensée novatrice, tandis que l'innovation peut également conduire à plus de liberté en créant de nouvelles opportunités. Si un cadre réglementaire bien conçu est nécessaire à l'innovation, trop de règlements l'entravent. Un cadre réglementaire permettant une politique d'innovation est seul capable de fournir un environnement stable, sécurisé et éthique, tout en permettant la créativité. La flexibilité et l'adaptabilité sont importantes pour ne pas étouffer l'innovation, le cadre doit donc être suffisamment large. Une réglementation excessive ou mal conçue décourage la prise de risques et freine la créativité, c'est malheureusement trop souvent ce à quoi nous assistons. Pour encourager l'innovation, il faut encourager la curiosité, favoriser la diversité, allouer du temps et des ressources, encourager la prise de risques calculés, collaborer, investir dans la formation, adopter un leadership inspirant, écouter les utilisateurs, simplifier les processus et évaluer régulièrement pour ajuster les approches.

En résumé, la liberté et l'innovation sont liées, et un cadre politique appuyé par la loi permettra de créer une dynamique *a contrario* de l'excès de réglementation qui la décourage. Mais ce qui est avant tout nécessaire pour favoriser l'innovation, c'est d'adopter une approche inclusive, créative et flexible. En clair, c'est d'abord en nous que nous trouvons les ressorts nécessaires à l'innovation.

Les limites des règlements

Si innover c'est préparer l'avenir, réglementer c'est consolider une rente. Notre agriculture est engoncée, corsetée, dans un carcan de règlements et de normes qui compliquent considérablement sa pratique, au moins pour ce qui concerne notre agriculture française et européenne. De l'Europe aux régions en passant par l'État, chacun y va de son règlement, de sa nouvelle norme, de sa circulaire de cadrage pour répondre à des objectifs qui sont parfois dépassés, voire oubliés le temps que les règles se mettent en place. Ce n'est jamais un problème pour ceux qui les génèrent, ils ont une capacité à en inventer de nouvelles ou mieux encore, des exceptions et des dérogations qui fatalement donneront matière à d'autres règlements, normes et textes en tout genre. La chose est devenue tellement importante qu'elle est confiée à des professionnels considérés comme les plus brillants à la sortie des grandes écoles quand ils ne sont pas accaparés par des cabinets privés qui excellent dans l'art d'accompagner les politiques et les administrations... Je vous le donne en mille : dans leur besoin de cadrer tout et n'importe quoi par des règlements, des normes et des circulaires de cadrage censés indiquer comment cultiver un champ ou élever une vache dans les meilleures conditions pour la planète et la société. C'est le règne de l'administration circulaire qu'ont bien compris les esprits machiavéliques qui, des ZAD aux bancs des assemblées, passent leur temps à imaginer de quoi nourrir la machine, surtout quand elle est bien juteuse pour leur petite entreprise.

Nous sommes bien loin du besoin de liberté et de se nourrir qui sied à chaque être humain, et l'esprit de l'innovation, s'il existe, n'a pas encore posé sa lumière sur la tête de cette engeance qui parfois ne croit plus elle-même dans ce qu'elle fait. Qui devons-nous pointer comme responsables de cette situation ? Si ce n'est nous-mêmes de nous satisfaire de ce pseudo-confort déresponsabilisant : nous ne sommes plus responsables de rien, c'est la faute de l'État ! Nous oublions simplement que l'État c'est nous, et que ce n'est que par nous-mêmes que nous retrouverons la voie de l'innovation qui nous conduira à un monde sans faim, et non dans des règlements dont nous n'avons rien à attendre et qu'il ne suffit pas de dénoncer.

Un cadre permettant l'innovation

Si la chape de plomb réglementaire est nuisible au besoin d'innover, la fixation d'un cadre capable d'impulser un esprit d'innovation est nécessaire. Il est du ressort de la représentation publique de mettre en place les dispositions nécessaires à cette adhésion et de susciter l'engagement. Chacune à leur place, les instances internationales, l'Europe, l'État et les collectivités locales auront un rôle à jouer.

Au niveau international, les grands rendez-vous comme les COP[1] sont importants pour la sensibilisation collective et la définition d'un minimum commun, mais ne suffisent pas à décider d'une politique d'innovation. Nous ne devons pas attendre des institutions internationales plus qu'elles ne sont capables de faire. L'Europe, en ce qui nous concerne, a incontestablement un rôle à jouer. Elle doit se donner les moyens de l'innovation vers une agriculture viable, vivable et durable. C'est peut-être même une occasion inouïe pour l'Union de se refonder en encourageant une réindustrialisation dans le sens de l'écologie. Pour réussir le pari de l'innovation, un simple mot doit faire son apparition dans le lexique communautaire : confiance. Il doit se substituer au contrôle et si celui-ci est nécessaire (notamment quand des moyens financiers publics sont mobilisés), ils doivent l'être sur les résultats et non sur l'utilisation à la lettre des moyens, ce sera tout aussi exigeant mais bien plus efficace.

Il en va de même au niveau de l'État, et même s'il reste encore beaucoup à faire, l'impulsion donnée par le programme France 2030[2] est une dynamique qui devrait porter ses fruits. Ce n'est pas la première initiative en la matière et d'autres devront suivre. Elle s'inscrit dans une démarche globale de progrès et de développement plus aptes à nous offrir des perspectives d'avenir que les chimères d'une décroissance qui n'a d'espoir de réussite qu'en restant en l'état de théorie.

Les régions, départements, établissements publics de coopération intercommunale (EPCI) occupent quant à eux le bon niveau opérationnel pour le déploiement de l'innovation territoriale.

1. COP : conférence des parties.
2. Plan d'investissement pour la France.

Se donner les moyens d'innover

C'est d'abord en nous que nous trouverons les ressorts individuels et collectifs de l'innovation. L'agriculture est un énorme puzzle de microentreprises absolument incapables de développer individuellement des programmes de recherche et développement. C'est la raison pour laquelle, en agriculture plus qu'ailleurs, nous devons réapprendre l'intérêt du commun, du collectif. C'est un dessein commun qui nous unit, nous devons donc apprendre à travailler pour un objectif partagé plutôt que pour satisfaire d'hypothétiques procédures préétablies. Les financements à engager sont considérables et la réussite passera par la recherche de la performance en termes de résultats plutôt que sur la conformité à des objectifs prédéfinis. Se limiter à cocher toutes les cases ne conduit pas à des résultats probants. L'innovation implique l'exploration de terrains incertains et inconnus. Les tentatives de création de nouveaux modèles sont pleines d'incertitudes qui nécessitent le droit à l'erreur, si tant est que celui-ci ne soit pas associé au droit à l'incompétence qui, lui, n'est pas tolérable.

L'innovation est plurielle : innovation fondamentale portée par des départements de recherche publique ou privée, complétée par la recherche appliquée puis expérimentée sur le terrain ; innovation en continu préparée par des plans d'action sophistiqués et mis en œuvre dans des laboratoires R&D de grandes entreprises prestigieuses déployant de puissants moyens ; innovation de rupture des laboratoires d'innovation portée par des équipes hypercompétentes, gage de fiabilité d'une méthode éprouvée ; ou bien encore innovation révolutionnaire portée par des francs-tireurs ou des équipes autonomes convaincues d'avoir « la solution ».

Où est la vérité en matière d'innovation ? Elle est à la fois nulle part et partout. C'est avant tout une culture de l'innovation qui est nécessaire. Cette culture de l'innovation repose sur plusieurs piliers : la tolérance en cas d'échec, mais pas en matière de compétences ; la volonté d'expérimenter associée à de la discipline ; être à la fois psychologiquement sûr et brutalement franc ; accepter de collaborer, mais en étant individuellement responsable, et enfin mettre en place une organisation assez horizontale tout en respectant un leadership fort.

LES CLÉS DE LA RÉUSSITE : SORTIR DES CASES

Saint Augustin (354-430), également connu sous le nom d'Augustin d'Hippone, était un philosophe, théologien et érudit chrétien influent de l'Antiquité tardive. Saint Augustin écrivait que « l'homme a été créé pour qu'il y eût du commencement ». L'idée d'un « commencement » peut être interprétée comme une invitation à remettre en question les méthodes existantes et à créer de nouvelles approches, reflétant ainsi la nature intrinsèquement inventive de l'homme.

Bien plus tard, Hannah Arendt (1906-1975), philosophe politique et théoricienne sociale, a repris à son compte cette philosophie que l'on pourrait qualifier de « philosophie de l'initiative » pour dire que c'est notre capacité à amorcer du changement, de l'inédit, de l'insolite, de l'action, qui constitue notre singularité, en tant qu'êtres humains. Autrement dit : « Je commence, donc je suis. »

« Si j'avais demandé à mes clients ce qu'ils désiraient, ils m'auraient dit un cheval plus rapide », cette citation que l'on attribue à Henry Ford (sans véritablement savoir si elle est de lui) marque ce qu'est véritablement l'esprit d'innovation. L'esprit d'innovation n'est pas dans l'amélioration de ce qui existe pour satisfaire un besoin, il est dans la capacité à proposer quelque chose de plus performant pour satisfaire ce besoin. C'est la principale raison pour laquelle seule une véritable envie d'entreprendre permet de trouver les solutions nécessaires à des problématiques aussi nouvelles que celles qui se présentent à nous.

En réalité, l'être humain est par essence un « startupeur », au sens propre du mot – *to start up* : commencer ! Cette capacité à démarrer quelque chose de nouveau, d'improbable, de contradictoire, nous permet de faire des pas de côté, de nous échapper de toute logique déterministe, de sortir des cases, de prendre la tangente, d'opérer une rupture...

C'est bien cette philosophie de l'entrepreneuriat, comme « pas de côté » et comme « prise d'initiative », qui commence à se déployer dans le monde agricole : expérimentation de nouvelles techniques, de nouveaux concepts, de nouveaux modèles économiques, de nouveaux circuits de distribution, de nouveaux partenariats, de nouvelles manières de cultiver et d'élever, de nouvelles manières de vivre et de travailler, de nouveaux modèles organisationnels... La liste est longue et ce n'est pas l'une ou l'autre des pistes qu'il faut privilégier, mais toutes qu'il faut explorer !

La French Agritech

Lundi 30 août 2022, au ministère de l'Agriculture rue de Varenne à Paris, Julien Denormandie et Cédric O, respectivement ministre de l'Agriculture et de la Souveraineté alimentaire et secrétaire d'État à la Transition numérique réunissent un parterre de personnalités impliquées dans l'innovation agricole. Ils me font l'immense honneur d'être de ceux-ci. Les ministres introduisent la rencontre par ces propos : « À l'aune des besoins de notre agriculture qui va devoir remplacer un tiers de ses actifs dans les dix ans à venir, de notre souveraineté alimentaire à reconquérir et surtout du besoin de dynamique positive pour faire de notre écosystème agricole et alimentaire un des leaders mondiaux, nous avons besoin de mettre en place les éléments qui nous feront entrer dans une quatrième révolution agricole : celle du numérique, de la robotique et de la génétique ! » Cette initiative vient à point nommé. Elle a vocation à entraîner avec elle l'ensemble des acteurs et des forces de progrès : organisations agricoles, enseignement, recherche, financeurs, entrepreneurs… et bien sûr les agriculteurs, sans qui rien n'est possible. Il en sortira un rapport que j'ai contribué à écrire et que nous présenterons aux ministres quelques mois plus tard à l'occasion du Salon de l'agriculture, le 28 février 2022. Quelques semaines après le salon, les ministres changeront, les successeurs ne prêteront que peu d'intérêt à ce rapport, ils lui préféreront un pacte d'orientation plus global qui n'est pas non plus dénué de sens. Qu'importe, même si elle n'est pas marquée du sceau d'un label, une dynamique French Agritech a été créée, elle ne s'éteindra pas. Elle est animée par une raison d'être, un défi, un savoir-faire. Sa raison d'être, c'est de porter la dynamique entrepreneuriale d'innovation qui construira l'agriculture du XXIe siècle. Le défi, c'est de privilégier l'innovation dans un cadre réglementaire adapté pour en faire le premier levier d'adaptation aux enjeux de demain. Le savoir-faire c'est celui des jeunes pousses, pour beaucoup réunies autour de La Ferme Digitale[1], association à laquelle Julien Denormandie et Cédric O avaient confié la réalisation du rapport de préfiguration de La French Agritech le 30 août 2022. Peut-être verrons-nous un jour se créer le label French Agritech que ces ministres (dont la jeunesse et la complicité communicative n'avaient d'égal que leur enthousiasme et leur vision de l'avenir) appelaient de leurs vœux ? En attendant, un mouvement est né, tout ou presque est en place sur le terrain, et la nécessaire coordination capable de faire rayonner l'excellence française à la fois sur nos territoires et au-delà de nos frontières commence à s'installer.

1. Association française regroupant les start-up de la terre à la table.

La Ferme Digitale au cœur de la dynamique

S'il n'existe rien de formel en matière de coordination, la Ferme Digitale fédère autour d'elle beaucoup d'initiatives qui seront les fers de lance de l'agriculture de demain.

Née en 2016 de la volonté de cinq jeunes entrepreneurs de se réunir en association pour donner plus de visibilité à leur entreprise, l'association regroupe sept ans plus tard pas moins de cent vingt adhérents. La Ferme Digitale regroupe la majorité des acteurs de l'innovation agricole et agroalimentaire française dans des domaines d'activité aussi variés que complémentaires tels que : Agritech, Biotech, Carbone, Foodtech, Formation, Média, Robotique, Vertical Farming, Woodtech. Elle s'est donné pour mission d'accompagner la révolution agricole grâce à l'innovation, de prôner les progressions humaines, techniques, technologiques offrant à l'agriculteur la possibilité d'être plus performant et plus respectueux de l'environnement tout en lui permettant de regagner son indépendance et de se rapprocher des consommateurs en leur redonnant confiance, notamment grâce à la simplicité du digital.

Son président, Jérôme Le Roy, en introduction du rapport rendu aux ministres Julien Denormandie et Cédric O donnait le ton de ce que devait être la French Agritech : « L'ensemble des activités de la terre à la table contribuent à l'excellence de la France. Elles nous invitent à construire ensemble une stratégie d'innovation à la hauteur des enjeux auxquels nous devons faire face : orienter les nouvelles générations vers l'agriculture et les former, permettre à de nouvelles générations d'agriculteurs de s'installer et répondre aux enjeux de demain : nourrir en quantité et en qualité, s'adapter au changement climatique et à de nouvelles attentes des consommateurs, réduire nos émissions de CO_2 et notre impact sur la biodiversité, reconquérir notre souveraineté alimentaire. Cette impulsion nouvelle va nous permettre de conserver et même d'amplifier notre excellence en matière de production, de productivité et de souveraineté.

Ensemble, nous voulons relever les défis qui se présentent à nous et affirmer les ambitions qui vont permettre à la France de continuer à siéger au rang des grandes nations agricoles, agroalimentaires et agroenvironnementales. La Ferme Digitale et ses adhérents sont prêts à s'engager ! »

La Ferme Digitale n'a pas vocation à tout faire et elle ne fait pas tout, mais elle incarne la capacité que peuvent avoir les porteurs de projets de franchir le pas de l'entrepreneuriat pour accompagner l'agriculture dans sa nécessité de changement.

D'Agreenstartup à Incub'Ivoir en passant par Agrifoodtech Incubator et Hectar

Le 20 novembre 2013 s'ouvre à La Roche-sur-Yon le premier salon Tech Élevage. Outre l'objectif de réunir l'excellence de l'élevage vendéen et de notre région des Pays de la Loire, il a vocation à montrer ce qui se fait de nouveau en matière d'innovation en élevage, et plus globalement dans l'agriculture, comme c'est le cas de la plupart des salons. Durant l'hiver qui a suivi, avec mon fils Julien (qui par la suite deviendra lui-même startupeur dans un tout autre domaine), nous imaginons un concept capable de permettre à des porteurs de projets ayant trait de près ou de loin à l'agriculture et à l'alimentation de développer une idée, un projet. Nous présentons le concept à Philippe de Ponthon, directeur de la Chambre d'agriculture et commissaire général du salon, qui trouve l'idée séduisante, et c'est ainsi qu'Agreenstartup[1] est né. Le concept est simple : des équipes composées d'un porteur de projet et d'équipiers issus de tous horizons (agri, agro, gestion, design, communication, marketing, finance, ingénierie, etc.) sont conviées, le plus souvent à l'occasion d'un salon, à travailler sur leur projet en intelligence collective avec les conseils de mentors

1. Concours de start-up organisé par la Chambre d'agriculture des Pays de la Loire.

pendant un à trois jours. En clôture de l'événement, les présentations les plus convaincantes sont récompensées par un jury de professionnels à travers différentes dotations pour aider concrètement à la réussite du projet. Le croisement des connaissances est d'une grande richesse pour construire son réseau professionnel. Depuis neuf ans, c'est plus de trois cents projets que nous avons accompagnés de Tech Élevage au Salon international de l'agriculture et des ressources animales (SARA) d'Abidjan en passant par le Salon international de l'agriculture à Paris, le SIVAL à Angers, la Guadeloupe, la foire de Libramont… et dans bien d'autres manifestations. De belles start-up en sortiront, nous en parlerons plus tard.

D'autres initiatives d'accompagnement de start-up agricoles et alimentaires existent bien évidemment, que ce soit en France ou autre part. Je voudrais m'arrêter sur trois qui me plaisent beaucoup par le caractère atypique de leur approche : le campus Hectar, Agrifoodtech Incubator[1], Incub'Ivoir[2]. Le campus Hectar est né de la rencontre de l'industriel Xavier Niel et d'Audrey Bourolleau, ancienne conseillère à l'agriculture du président Emmanuel Macron. Hectar se définit comme un créateur de solutions pour la transition agricole. Sur un site de près de six cents hectares se côtoient une ferme céréalière, une ferme laitière avec transformation à la ferme et une forêt. On peut y croiser des jeunes et des moins jeunes avec comme projets de s'installer agriculteur ou de travailler dans une ferme, des groupes en séminaire d'entreprise et des start-up en phase d'accélération. Outre le côté novateur, ce qui m'intéresse dans le concept, c'est la capacité à mobiliser l'intelligence collective pour faire émerger un projet, qu'il soit agricole, personnel, d'entreprise ou de start-up.

1. Agrifoodtech incubator : structure d'accompagnement des startups du secteur agricole et alimentaire développée conjointement par l'Université Mohammed VI Polytechnique et l'Institut Agronomique et Vétérinaire Hassan-II, au Maroc.
2. Incub'Ivoir est un incubateur qui porte des projets agricoles en Côte d'Ivoire.

Agrifoodtech Incubator, en ce qui le concerne, est un exemple de coopération. L'université marocaine UM6P[1] et l'IAV Hassan II[2] se sont associés pour créer des partenariats permettant un développement agricole inclusif, durable et axé sur l'innovation au Maroc et bien au-delà. Agrifoodtech Incubator est intégré dans Startgate, programme bien plus vaste également porté par UM6P regroupant un écosystème entrepreneurial international engagé à fournir une infrastructure et des ressources de classe mondiale aux start-up. La coopération tant disciplinaire qu'internationale s'y exerce au plus haut niveau au profit de l'innovation. « Venez comme vous êtes, nous ferons de vous ce que vous voulez devenir », la *punchline* est sympathique, c'est celle de Incub'Ivoir cher à Herman Kouassi. Créé en 2016 à l'initiative de trois jeunes de la diaspora ivoirienne, Incub'Ivoir accompagne aussi bien des start-up que des projets d'installation d'agripreneurs. La formation est au cœur de son dispositif et il s'appuie sur la coopération internationale pour accompagner l'entreprenariat agricole. Il est notre partenaire des Agreenstartup lors du SARA d'Abidjan. Il existe, bien sûr, des tas d'autres initiatives en France et de par le monde qui contribuent toutes à la construction d'un monde sans faim !

1. UM6P : Université Mohamed VI polytechnique.
2. Institut agronomique et vétérinaire Hassan II.

Deuxième partie

DES INNOVATIONS À LA PELLE

Nous sommes le 24 février 2023, au parc des expositions de la porte de Versailles à Paris, le lendemain s'ouvre le 59e Salon international de l'agriculture. Chaque année, ce grand barnum de l'excellence agricole française revient pour une semaine exposer veaux, vaches, cochons, couvées et autres animaux de nos cours de ferme. On peut y découvrir le meilleur de notre gastronomie régionale du Périgord à la Guadeloupe. C'est même ce qui fait venir le plus de visiteurs, car on ne résiste pas longtemps à l'appel du ventre quand il se teinte de convivialité communicative. De 1990 à 2011, avec Christine mon épouse, nous y avons exposé le meilleur de notre troupeau. À dix-huit reprises durant cette période, chaque année une de nos montbéliardes se verra sélectionnée pour le concours général agricole. J'en garde mes meilleurs souvenirs d'éleveur.

À partir de 2015, j'y suis venu pour organiser avec les chambres d'agriculture un Agreenstartup (dont je vous ai déjà parlé), mais c'est à partir de 2016 que le salon a revêtu pour moi un tout autre intérêt. L'année précédente, au mois de mai 2015 puis à l'automne de la même année, deux occasions m'ont amené à m'intéresser un peu plus au numérique et, plus globalement, à l'innovation. En mai, Axelle Lemaire, alors ministre chargée du numérique (qui avait parrainé le premier Agreenstartup du SIA en février), me demande de l'aider à organiser ce qu'elle appelait un Mardigital chez son collègue Stéphane Le Foll, alors ministre de l'Agriculture, pour permettre à des start-up agricoles de venir *pitcher* leurs projets. C'est ainsi que les P.-D. G. d'Agriconomie, de Miimosa, d'Equylibre et de Weenat se retrouvent à présenter leurs start-up aux ministres. Quelques mois plus tard, c'était à l'automne, je suis invité par le département d'Eure-et-Loir et la ville de Châteaudun à organiser un Agreenstartup dans cette belle ville chère à Philippe Vigier. Les start-up présentées au ministère y participent. C'est là que nous décidons de créer une association pour leur permettre d'exposer au prochain salon de l'Agriculture en févier 2016. C'est ainsi qu'est née La Ferme Digitale et, en février 2016, ils sont cinq petits nouveaux sur 25 m^2 au SIA face à l'énorme stand de la FNSEA ; je suis avec eux, je ne les quitterai plus.

Sept ans plus tard, en ce 24 février 2023, au milieu du hall 4 du parc des expositions de la porte de Versailles trône un énorme stand de 800 m^2. Il y a au centre deux grands espaces, un pour les conférences, un pour la convivialité et autour une soixantaine de petites alvéoles ou s'affairent déjà plusieurs dizaines de personnes telles les abeilles dans la ruche. Chaque alvéole a sa start-up et elles sont quatre – Karine, Mélanie, Romane et Lyne – à s'assurer que tout fonctionne. À partir du lendemain, elles ne seront pas trop de quatre pour animer les quatre-vingt-dix conférences, accompagner les start-up à accueillir les ministres, les présidents de région ou de département, les délégations étrangères et les milliers de visiteurs qui passeront sur le stand. Tous veulent des précisions sur ce que font ces nouvelles entreprises qui les attirent, mais qu'ils ont parfois du mal à comprendre. En sept ans, sur le salon de l'Agriculture, La Ferme Digitale est passée de cinq à cent vingt adhérents, et de 25 à 800 m^2, et je suis toujours aussi fier de les accompagner. Ils sont la preuve vivante d'une dynamique d'innovation agricole française qui ne s'arrêtera pas.

Les start-up n'ont pas le monopole de l'innovation : les grands groupes, les organisations agricoles, les ONG, la recherche et les États contribuent également aux évolutions nécessaires de notre agriculture. Ces organisations sont plus souvent dans l'incrémentation que dans la rupture. Ce n'est pas un reproche, il ne peut en être autrement pour que la majorité puisse suivre. C'est pourtant fréquemment dans la rupture que se trouvent les véritables solutions. C'est la raison pour laquelle je suis convaincu que c'est à travers les start-up que viendront les solutions génératrices d'évolutions profondes. Les révolutions qui façonnent le changement d'ère ne font que commencer. Nous trouvons ces start-up dans tous les domaines de l'agriculture : du numérique aux transformations structurelles en passant par les biotechs et le vivant. À coups d'anecdotes, de métaphores plus ou moins vécues, mais aussi de quelques précisions techniques, nous allons maintenant voyager dans ce monde des start-up pour découvrir ce qu'elles sont capables de nous offrir pour bâtir un monde sans faim.

Chapitre 5

LE NUMÉRIQUE

Nous sommes à la fin du mois d'août 2005, je suis secrétaire général de la FDSEA[1] de Vendée, une des plus puissantes fédérations de la première centrale syndicale agricole française, la FNSEA. Le travail reprend tout juste dans nos bureaux du boulevard Réaumur à La Roche-sur-Yon. J'entre dans le bureau du directeur Philippe de Ponthon pour lui proposer une idée. Il a l'habitude, et même si elles sont parfois loufoques, il m'écoute toujours. Face à ce que nous appellerons bien plus tard de l'*agribashing*, je lui suggère de filmer nous-mêmes les réalités de notre métier pour proposer une vision positive de l'agriculture aux chaînes de télévision. Il me dit « pourquoi pas », et nous faisons étudier la question par un cabinet spécialisé. Ils trouvent l'idée séduisante, mais nous freinent aussitôt dans notre élan en nous assurant que nous ne trouverons pas de client pour acheter nos images. Ils nous proposent de tourner et de diffuser nous-mêmes en nous adressant d'abord à un public d'agriculteurs pour nous construire un auditoire *via* notre site Agri 85 et une plateforme vidéo. YouTube et Dailymotion viennent d'être créés, Twitter n'existe pas encore et Facebook n'en est qu'à ses balbutiements. Nous nous lançons dans l'aventure avec Dailymotion avec pour seul argument de notre choix, que cette plateforme a été créée par deux Français, Olivier Poitrey

1. FDSEA : Fédération départementale des syndicats d'exploitants agricoles (branche départementale de la FNSEA).

et Benjamin Bejbaum. Ce n'est que bien plus tard en 2010 que je commencerai à m'intéresser véritablement aux réseaux sociaux, puis au numérique en agriculture à partir de 2013-2014.

C'est donc par la communication que je suis venu au numérique et non par l'usage professionnel. Je ne sais pas si c'est l'attrait de la communication qui est la raison de ma vision du numérique, mais j'ai toujours considéré qu'il fallait chercher à comprendre le pourquoi et le comment des technologies pour évaluer le potentiel de leur usage et ensuite s'en servir. C'est ainsi que j'ai découvert qu'il existait deux manières d'aborder le numérique : apporter « une couche » de numérique sur les process existants ou bien repenser les process à partir du numérique. C'est cette seconde approche qui m'intéresse sans pour autant dénigrer la première. C'est la raison pour laquelle une connaissance de ce qu'est le numérique et de ce qu'il peut apporter est nécessaire avant de prendre des décisions d'achat de tel ou tel capteur ou application. Connaître comment fonctionne le numérique pour pouvoir utiliser tout son potentiel, savoir à qui déléguer, c'est ce qui manque le plus souvent. Par manque de culture numérique, les décideurs des organisations agricoles et des entreprises sont plus enclins à faire confiance à des sociétés informatiques qui leur vendent du service qu'à des start-up qui repensent entièrement les process. La question ne se situe pas dans la qualité du travail fourni par une société informatique, mais dans son aptitude à accompagner une refondation profonde des concepts. Et pourtant ! Souvenez-vous de Henry Ford : « Si j'avais demandé aux gens ce dont ils avaient besoin, ils m'auraient dit un cheval plus rapide. » De la même façon, pour un agriculteur, l'important n'est pas d'utiliser le numérique pour améliorer les outils dont il dispose, mais de penser des outils qui lui permettront de mieux produire. Il est évident que pour aborder le numérique de cette manière, cela passe d'abord par la formation, et malheureusement ce n'est pas encore le cas. C'est un sujet à part entière, que nous aborderons dans la troisième partie du livre.

Notre manie obsessionnelle de tout classer en silo, de tout mettre dans des cases conduit à penser qu'il pourrait exister une agriculture numérique comme il existe une agriculture biologique, de conservation ou de je ne sais quoi, bref de l'isoler pour mieux la critiquer. L'approche est stupide, jamais un ordinateur n'a fait pousser un radis. Je préfère parler de l'utilisation de technologies à nulle autre pareille pour apporter des services à l'agriculture et aux agriculteurs. Les technologies digitales peuvent être utiles pour mieux connaître son sol, ses plantes, ses animaux, mieux piloter ses cultures, son élevage, mieux commercialiser ses productions, que ce soit en circuit court ou dans des filières plus longues. J'ai trouvé des usages du numérique partout, dans toutes sortes de fermes : de l'éleveur laitier avec son robot de traite au chef de village au fond du Burkina qui peut mesurer sa parcelle avec un drone pour mieux jauger la quantité d'engrais qu'il va devoir épandre. Il n'y a pas de mauvais usages, simplement une adaptation aux besoins. Les enjeux de l'inclusion, de la maîtrise et de la gouvernance du numérique sont majeurs pour le développement d'une agriculture à la fois plus attractive, plus productive et plus respectueuse de l'environnement. Le numérique est un formidable outil pour y arriver, mais il n'est pas une finalité. C'est plus important que de savoir si l'agriculture est numérique ou non !

LES CAPTEURS

« Quand nous étions tout petits, notre papa nous envoyait comme ça arroser ses plantes. Quand il arrive, il constate que les plantes n'ont pas été arrosées comme il se doit. Il se dit souvent qu'on n'a pas apporté assez d'eau. Et moi, en étant au Centre de formation des métiers de l'électricité, j'ai vu tout de suite qu'il y avait cette possibilité de contrôler à distance tout ce qui est appareil électronique. Je me suis dit, si j'arrive aujourd'hui à commander une lampe au moyen de mon téléphone et à distance, c'est qu'il y a possibilité de lancer un système d'irrigation à distance, et c'est ainsi que je me suis mis à bosser. » C'est par ces mots que Vehi-Gogbé Severin, un jeune ivoirien d'à peine 20 ans, présente (dans un français aussi châtié que séduisant, que nous ne trouvons plus guère que là-bas) son projet Agritech4Africa lors de l'Agreenstartup du SARA d'Abidjan en 2019. Durant les trois jours du concours, avec sa jeune coéquipière Marietou Soro (elle avait tout juste 17 ans), ils vont fabriquer devant nous des capteurs permettant de détecter les besoins des plantes et déclencher l'irrigation. Avec leur système, c'est la plante qui révèle son besoin en eau. Il n'y avait rien de virtuel dans leur prototype fabriqué à partir de composants récupérés çà et là. Ils vont réellement réaliser leur preuve de concept en trois jours. Ils gagneront le concours ! De tous les Agreenstartup que j'ai organisés, c'est un des projets qui m'a le plus marqué. Le plus intéressant c'est que depuis, Agritech4Africa est devenu une entreprise dans son pays grâce aux prix qu'ils ont gagnés.

Des capteurs, nous en avons partout pour collecter toutes sortes d'informations utiles au management des cultures, des élevages, des fermes, pour surveiller le séchage des grains, piloter l'irrigation, contrôler l'usage du matériel, sa consommation en carburant, le temps qu'il aura travaillé (c'est utile quand on loue ou partage l'usage d'un outil) et même lutter contre le vol. Le rôle des capteurs est de collecter toutes sortes de données, c'est l'essence même du numérique que de disposer de suffisamment de données pour que les algorithmes puissent les transformer en service.

Les usages sont très divers, ils vont par exemple permettre de mesurer en temps réel l'humidité du sol pour notamment aider les agriculteurs à optimiser l'irrigation. Ils peuvent également mesurer la disponibilité en nutriment pour les plantes et ainsi compléter leur nourriture de manière plus précise pour obtenir de meilleurs rendements sans trop dépenser et sans polluer. Les capteurs aident aussi à identifier les variations de température, d'humidité et d'autres facteurs dans le sol, ce qui aide à détecter rapidement des problèmes tels que les maladies des plantes ou les infestations de ravageurs. Il existe, tant en France que dans d'autres pays, de nombreuses start-up qui apportent ces services aux agriculteurs. En France, c'est notamment le cas de Weenat qui développe des capteurs connectés pour l'agriculture, y compris des capteurs d'humidité du sol, de température et de pluviométrie. Ils fournissent des données en temps réel aux agriculteurs pour les aider dans la prise de décision. C'est aussi le cas d'Apollo Agriculture au Kenya qui combine des données satellitaires et des capteurs pour aider les petits agriculteurs à optimiser l'utilisation des intrants agricoles ou de Hello Tractor au Nigeria. Bien que davantage axée sur la mécanisation agricole, Hello Tractor propose également des capteurs pour suivre l'utilisation des machines et aider à la gestion des cultures.

Ce dernier exemple est intéressant puisque les capteurs n'ont pas vocation à n'avoir qu'un seul usage, la combinaison permet même d'optimiser leur rentabilité et la précision des informations. L'interconnexion de capteurs dans différentes parties de l'exploitation agricole favorise une gestion plus intégrée et plus efficace. Par exemple, les capteurs dans les silos enregistrent la température, l'humidité et d'autres paramètres de stockage ; les capteurs sur les tracteurs et les moissonneuses-batteuses collectent des données sur le rendement des cultures, la vitesse de travail et d'autres paramètres. Ces données peuvent être associées pour suivre l'ensemble du processus de production, de stockage et de distribution. C'est aussi le cas en élevage, les capteurs et les caméras dans les installations surveillent la température, l'humidité, le comportement des animaux et autres conditions environnementales des bâtiments. De leur côté, les vaches équipées de podomètres connectés, de capteurs au cou, à l'oreille ou même dans la panse, n'ont plus de secrets pour les éleveurs. Par exemple, grâce aux sondes de mesure de la conductivité du lait dans la salle de traite, associée aux capteurs embarqués sur les animaux, aux capteurs d'ambiance et aux caméras dans les bâtiments, la médecine préventive est désormais une réalité en élevage laitier. Les utilisations d'antibiotiques sont ainsi limitées au strict minimum. Si les capteurs ne remplaceront jamais « l'œil de l'éleveur », ce sont ceux qui sauront combiner l'ensemble qui obtiendront les meilleurs résultats.

Dans les start-up que je rencontre, certains capteurs ont parfois des finalités surprenantes, bien au-delà de leur usage premier. C'est le cas de BeeGuard. BeeGuard équipe les ruches de capteurs pour aider les apiculteurs à mieux suivre leurs élevages. Les ruches sont équipées de capteurs spécifiques qui aident à mesurer en continu la santé des abeilles. Les données collectées permettent de caractériser la qualité environnementale de l'habitat des pollinisateurs (les abeilles jouent un rôle fondamental dans la fécondation de certaines plantes comme les tournesols par exemple et participent donc à améliorer les rendements). Ce suivi, outre l'intérêt pour l'apiculteur, permet de guider et valoriser les démarches d'amélioration continue de la biodiversité engagée par des agriculteurs, des entreprises, des collectivités ou même les pouvoirs publics. C'est, il me semble, plus motivant de mobiliser ainsi l'intelligence collective que de proposer des règlements censés contribuer à reconquérir la biodiversité par des interdictions et des contraintes.

LES OUTILS D'AIDE À LA DÉCISION

Je me dois de vous en dire plus sur le chef de village au fin fond du Burkina dont je vous ai parlé. Je l'ai rencontré en pleine brousse à deux heures de pistes de Bobo-Dioulasso au Burkina Faso. C'était peu avant Noël, en 2018, j'avais été convié par l'Afdi[1] et par la Fepab[2] pour une mission d'expertise sur l'usage des drones dans

1. Afdi : Agriculteurs français et développement international.
2. Fepab : Fédération des professionnels agricoles du Burkina.

les exploitations agricoles du Burkina Faso. Nous sommes arrivés dans le village en début d'après-midi, ils étaient une dizaine à nous attendre à l'ombre d'un vieil arbre qui occupait le centre de la place au milieu de quelques maisons et de la mosquée. Pour la première fois de ma vie, je découvrais l'arbre à palabres. La situation peut paraître surannée quand nous parlons de nouvelles technologies. C'était compter sans la démonstration du vieux chef du village (il devait avoir 75 ans) ne parlant que son dialecte local, qui sort de sa poche le dernier smartphone et vous explique à quoi il lui sert. Il commence à nous vanter les avantages de l'outil pour échanger avec ses deux fils partis vivre d'autres expériences à Paris. Il nous dit qu'il lui arrive parfois, quand la connexion est bonne et que le panneau photovoltaïque sur le toit a rechargé la batterie, de les avoir en visio pour échanger avec la famille, ici sous l'arbre à palabres. Là, vous vous dites que le mélange de la tradition et des technologies peut parfois faire des miracles. Quand nous venons à parler de l'intérêt des drones avec le vieux et les agriculteurs du village, nous sentons vite que l'intérêt pour l'engin est bien réel, mais qu'il n'est pas vraiment celui pour lequel ils ont été mis en expérimentation. Savoir s'il faut plus ou moins d'engrais dans tel ou tel coin de la parcelle n'a que peu d'intérêt quand il est épandu à la main en quantité parcimonieuse. Cependant, connaître la surface de la parcelle, dans un pays où il n'existe pas de cadastre, permet de mieux prévoir la quantité de semences et d'engrais qu'il faudra acheter. Connaître avec assez de précision les pentes de la parcelle permet de mieux établir les diguettes posées dans les champs depuis des lustres pour mieux retenir l'eau. La mesure de la surface du champ et ses courbes de niveau ont l'une et l'autre un véritable intérêt. Si ces mesures rendent de grands services, l'intérêt du drone pour le vieux est ailleurs : « Moi, j'apprécie beaucoup le drone pour m'aider dans mes décisions concernant le désherbage des parcelles de maïs », nous dit-il. Nous nous demandons bien comment il peut gérer la quantité de désherbant nécessaire avec un drone ? Notre stupéfaction n'est pas mince quand il nous révèle comment le drone devient pour lui un outil d'aide à la décision pour désherber : « Avant le drone, quand j'envoyais les jeunes arracher l'herbe dans les maïs, je faisais le tour du champ avec ma moto pour voir si le travail était bien fait, mais je ne voyais pas le milieu de la parcelle. Depuis que c'est le drone qui passe au-dessus du champ, ils retournent arracher l'herbe qu'ils avaient oubliée au milieu et les rendements sont meilleurs », nous dit-il avec toute la malice du sage à qui on ne la refait pas.

Chaque agriculture trouve son intérêt dans la technologie, et celui-ci n'est pas forcément le même. Dans nos fermes où la précision est devenue essentielle pour répondre à toutes les contraintes, être accompagné pour prendre les bonnes décisions est devenu indispensable. Il n'est pas possible d'avoir une brigade de conseillers agricoles chaque jour sur la ferme, et les agriculteurs n'ont pas envie d'avoir un contrôleur en permanence à leurs trousses, alors une machine que l'on fait tenir dans la poche, que l'on peut interroger pour un conseil de fumure, pour savoir si tel ou tel insecticide est bien autorisé, si c'est le bon moment pour l'épandre, est bien utile. La technologie l'est d'autant plus si nous pouvons aussi l'interroger pour connaître le temps qu'il fera demain ou le cours du grain au marché de Bordeaux ou de Chicago. Les éleveurs vont y chercher les origines de leurs animaux et leur carnet de santé, les viticulteurs l'état des stocks dans le chai et l'état des lieux de la veille informant de la propagation du mildiou dans les vignes. Il y a désormais sur nos smartphones des applications pour tout ça et bien d'autres choses. Il est en outre également possible d'y enregistrer nos pratiques, étape indispensable pour apporter l'assurance du respect des règlements et des cahiers des charges. Ces enregistrements servent également au suivi technique des cultures, des élevages, au management et à la gestion de l'exploitation.

En France, beaucoup de ces applications sont développées par les chambres d'agriculture, les coopératives et les structures d'accompagnement des agriculteurs. C'est leur mission que d'offrir aux agriculteurs les outils qui viennent compléter les services qu'ils proposent le lien conseiller-agriculteur s'en trouve ainsi amélioré. Ces applications offrent un spectre très large de conseils, mais ne peuvent tout embrasser. Des start-up vendent des services plus pointus, c'est le cas d'Alvie qui propose un assistant-agronome sur portable pour aider les agriculteurs à protéger leurs cultures de la manière la plus efficace possible tout en optimisant les doses. My Easy Farm, quant à elle, aide à planifier les itinéraires de culture et permet d'intervenir au bon moment et avec la juste dose. Dans les start-up françaises que je connais bien et qui sont dans le champ de l'aide à la décision, deux ont pour moi un attrait particulier : Assolia et Zandoli. Assolia a été créée par un agriculteur *slasher*[1] : Sébastien Albouy. Outre son exploitation et la direction de sa start-up, Sébastien préside également aux destinées de la chambre d'agriculture de Haute-Garonne. Avec Assolia, Sébastien a créé le premier simulateur d'assolement[2] pluriannuel pour aider les agriculteurs à optimiser leurs rotations et fiabiliser les recommandations des conseillers. En trente secondes, les trois meilleurs scénarios d'assolement sur trois à sept ans prenant en considération les contraintes (contrats à honorer, besoins d'élevage, réglementation PAC...) et les objectifs des agriculteurs sont proposés. L'objectif final est de permettre aux agriculteurs de maximiser leurs marges tout en adoptant des rotations agronomiquement performantes, favorisant la biodiversité et limitant les intrants. Ce qui est intéressant dans Assolia, c'est que la proposition de valeur part des besoins d'un agriculteur qui, ne trouvant pas sur le marché ce dont il avait besoin, l'a fabriqué pour le proposer aux autres agriculteurs. Pour ce qui est de Zandoli, c'est l'adaptabilité de l'application qui est à souligner. Le zandoli, petit lézard des Caraïbes, s'adapte aux couleurs de son environnement. Martin de Raynal a voulu

1. *Slasher* se dit d'une personne qui vit plusieurs carrières à la fois.
2. Assolement : dans le langage agricole, l'assolement est la répartition des cultures sur l'exploitation en tenant compte de différents paramètres tels que la rotation des cultures et leur rentabilité.

sa start-up à l'image de ce lézard en proposant un outil d'aide adapté à des exploitations agricoles atypiques qui ont du mal à trouver les réponses à leurs besoins dans les applications généralistes. Martin est martiniquais et à l'image de Sébastien, il a construit sa proposition de valeur avec les producteurs de fruits, de légumes et de cultures spécialisées telles que les plantes médicinales ou à parfum.

Les outils d'aide à la décision (OAD) sont sûrement les outils numériques les plus utilisés par les agriculteurs et ceux qu'ils maîtrisent le mieux. Ils répondent à leurs besoins immédiats pour un coût raisonnable. De plus en plus, les outils d'aide à la décision accompagnent les agriculteurs au quotidien, je pourrais presque dire qu'ils ne les quittent plus. Le plus souvent, ils les ont à la fois sur l'ordinateur au bureau et dans la poche de cotte ou bien posés à portée de Poucette[1] dans la cabine du tracteur. Si les OAD ne soulagent pas du travail souvent physique de la ferme, ils sont d'un grand secours pour les tâches administratives de plus en plus fastidieuses et rébarbatives.

LES ROBOTS DES CHAMPS ET DES ÉTABLES

Pour parler des robots, j'ai envie de débuter par l'instant grognon et soulever quelques ambiguïtés sur les appréciations que génèrent parfois ces outils. Le travail doit être une valeur pour l'homme et l'oisiveté est la mère de tous les vices disent les uns, pendant que d'autres plaident pour le droit à la paresse. Ces derniers devraient accueillir les machines les bras ouverts, mais quand ceux qui prônent le droit à la paresse sont également sceptiques sur l'intérêt du progrès technologique, il y a matière à s'interroger

1. Référence à *Petite Poucette* de Michel Serres.

sur leurs véritables intentions. On pourra toujours disserter sur l'intérêt du progrès technique, mais il y a des prises de position qui méritent quelques explications. Là n'est pas notre propos, mais plutôt de dire que si le temps que nous gagnons et la fatigue que nous évitons sont utilisés pour développer notre créativité et l'attention que nous portons à ce qui nous entoure, nous avons des chances d'avoir libéré ce temps pour quelque chose d'utile. L'histoire de l'humanité est associée au désir de l'homme de minimiser et même d'éviter le travail. Les êtres humains sont naturellement enclins à rechercher le confort et à éviter les efforts excessifs. C'est souvent le désir de moins travailler qui a conduit à l'innovation technologique. Les outils, les machines et les technologies ont été développés pour faciliter les tâches laborieuses et répétitives, permettant ainsi de libérer du temps et de l'énergie pour d'autres activités. Les premiers humains ont développé des outils pour faciliter les tâches, l'invention de la roue, par exemple, a radicalement changé la manière dont les charges lourdes étaient transportées. La roue est peut-être le premier robot que l'homme ait inventé pour lui permettre de transporter des charges plus vite, plus loin et surtout avec moins de fatigue. À l'instar de la roue, les robots doivent avoir pour vocation première de nous faciliter la vie. Cependant, ne nous y trompons pas, les robots « utiles » seront ceux qui ne vont pas générer de l'anxiété, laquelle finira fatalement par substituer une fatigue mentale à une fatigue physique, annihilant ainsi toute efficacité. Il faut être en mesure de faire entièrement confiance à la machine pour qu'elle puisse véritablement nous libérer.

Depuis toujours, la question des robots divise : pour certains, ils prennent le travail des hommes dans le seul but de développer des superprofits pour des entrepreneurs qui n'en ont jamais assez ; pour d'autres (dont je suis), ils ont pour premier intérêt d'affranchir les femmes et les hommes de tâches fastidieuses, rébarbatives et souvent pénibles. Les idéologues qui voient la noblesse du métier d'éleveur dans le geste séculaire du laitier qui tâte le pis de la vache pour en sortir le lait qui va fabriquer leur fromage n'ont vu que peu de vaches dans leur vie et le plus souvent de loin. Ils n'ont pas souvent connu non plus le charme du dos cassé à passer la binette dans un champ de navets.

Les robots agricoles sont avant tout des outils pour limiter la fatigue et les contraintes. C'est bien pour se libérer des tâches fastidieuses que des éleveurs réfléchissent à s'équiper de robots, que ce soit pour traire le troupeau, le surveiller, l'alimenter, ou récolter les œufs. De la même manière, les maraîchers ou les vignerons qui s'équipent de tels outils pour semer, replanter, désherber ou récolter leurs parcelles le font pour gagner du temps, économiser du travail, mais aussi pour trouver des solutions de substitution à l'utilisation de pesticides. La posture de l'*Angélus* de Millet n'intéresse plus grand monde dans nos campagnes !

Il y a un côté futuriste dans les robots qui peut séduire, mais ne le nions pas, une question se pose cependant, c'est celle de la rentabilité de tels équipements : tout n'est pas possible partout et si l'agriculteur avisé va occuper le temps libéré à des tâches plus valorisantes, encore faut-il que la production robotisée soit rémunératrice.

C'est en élevage laitier que les robots se sont le plus développés au cours des trente dernières années et, contrairement aux idées reçues, nous ne les trouvons pas dans des élevages prétendument industriels (même si cette définition est éminemment subjective). Un robot peut traire soixante à quatre-vingts vaches, et nous en trouvons rarement plus de deux dans un seul élevage. Ces élevages robotisés, il y en a beaucoup dans notre bocage vendéen, ils sont gérés par des GAEC[1] où les travailleurs sont pour la plupart associés, coresponsables et en nombre limité (deux à cinq dans la grande majorité des cas). Même si certains y voient là une

1. GAEC : Groupement agricole d'exploitation en commun.

forme d'agriculture industrielle, c'est plutôt d'économie sociale et solidaire qu'il s'agit. Il en va de même chez les maraîchers, les arboriculteurs et les vignerons : l'utilisation de robots n'est pas forcément associée à de grandes fermes, même s'il faut un certain volume d'activité pour rentabiliser l'engin. Dans le cas de robots mobiles dans les champs, nous pouvons très bien imaginer l'utilisation du robot dans plusieurs fermes. Il y a plus d'un demi-siècle que les agriculteurs ont inventé les CUMA[1] et elles sont toujours des formes de société non seulement d'actualité, mais à la pointe de l'innovation. L'agriculture a une culture du travail en commun dont beaucoup de théoriciens du genre feraient bien de s'inspirer avant de nous stigmatiser pour évacuer leur propre mal-être.

Je ne pense pas que la robotisation de certaines tâches dans les fermes va mettre à mal cette culture du commun, elle devrait au contraire la développer. Une réflexion collective sur un choix d'équipement en commun permettant de libérer du temps peut très bien conduire à une mobilisation de l'intelligence du groupe bien au-delà de la seule acquisition du matériel. C'est une finalité de la robotique bien réelle, même si ce n'est pas celle qui vient à l'esprit en premier. Une chose est sûre, pourfendre la robotisation au prétexte d'industrialisation de l'agriculture n'apportera pas plus de possibilités d'activer l'intelligence collective.

Parmi les start-up spécialisées en robotique agricole que j'ai visitées, deux m'ont particulièrement marqué : Naïo Technologies et UV Boosting. Nicolas Séverac et Aymeric Barthes, en créant Naïo, ont été parmi les premiers à proposer des robots pour travailler dans les champs dès 2011. Basés à Toulouse au cœur du bassin industriel de l'aéronautique et de l'industrie spatiale française, ils ont su associer deux mondes : celui de l'hypertech et celui des réalités agricoles. Leurs machines sont conçues avec, par et pour les agriculteurs, c'est ce qui fait la différence et procure

1. CUMA : Coopérative d'utilisation de matériel agricole.

l'agilité nécessaire pour mettre au point une technologie tellement novatrice. Si, dix ans plus tard, ils ont deux cents machines qui tournent dans le monde, c'est grâce à cet état d'esprit qui a su activer cette intelligence collective qui sied au monde agricole. En ce qui concerne UV Boosting c'est autre chose, d'ailleurs UV Boosting n'est pas vraiment un robot, c'est une technologie particulièrement futuriste qui nous rapproche de *Star Wars*. Après avoir découvert que les flashs UV-C augmentent la résistance des plantes face à divers pathogènes, les chercheurs Laurent Urban et Jawad Aarouf créent en 2016 UV Boosting avec Yves Matton, cofondateur de Technofounder. À partir d'un outil mobile installé sur un tracteur, leur technologie consiste à stimuler les défenses naturelles de la plante grâce aux flashs UV-C provoquant le déclenchement d'un mécanisme de défense avant même l'apparition de l'agent pathogène : la plante est ainsi plus résistante et les dégâts sont limités. Le mildiou n'a qu'à bien se tenir, la vigne ne l'invite plus dans ses rangs !

De plus en plus de grands fabricants d'équipements agricoles proposent des tracteurs autonomes à usage commercial. Bien que les modèles varient, ils partagent les mêmes fonctionnalités de base en matière de conduite autonome. La navigation GPS et la cartographie des zones permettent aux tracteurs de se diriger avec précision le long d'itinéraires programmés sans être guidés par l'homme. Des capteurs de détection d'obstacles empêchent les collisions lorsque des personnes, des animaux ou des objets se trouvent sur leur chemin. La surveillance à distance permet de contrôler et de régler les tracteurs à partir de smartphones ou d'ordinateurs. J'aurais pu, pour écrire ce chapitre sur la robotique agricole, développer les arguments techniques, économiques et même environnementaux qui promettent un avenir certain à ces nouvelles machines. J'ai volontairement laissé ces approches de la robotique agricole de côté... Je me suis également contenté de regarder ce qui se fait en France alors qu'il existe des innovations tout aussi importantes dans d'autres pays. J'ai préféré aborder le sujet sous un angle social et même sociétal. La technologie peut influencer nos comportements de bien des manières, mais c'est ce que nous faisons de notre temps qui impacte nos vies et notre rapport à ce qui nous entoure. Si un robot permet de produire plus vite, à moindre coût, et qu'il libère l'agriculteur, il n'est pas responsable de l'hyperconsommation que ses productions peuvent engendrer ni de l'aliénation des hommes à la technologie. J'ai voulu aborder les choses ainsi pour une raison toute simple : si nous considérons les robots comme des outils libérateurs de tâches rébarbatives et que nous nous employons à une utilisation utile du temps libéré pour nous, pour les autres et pour tout ce qui nous entoure, nous commencerons à toucher à ce qui peut faire sens dans la technologie.

L'INTELLIGENCE ARTIFICIELLE : LÀ OÙ COMMENCE LA VRAIE RÉVOLUTION

Au moment où j'écrivais ces lignes, un grand économiste français, Daniel Cohen, quittait ce monde. En 2022, il avait écrit *Homo numericus, la « civilisation » qui vient*, livre absolument nécessaire pour comprendre le monde dans lequel nous vivons. Je n'aurais pas l'outrecuidance de me comparer à Daniel Cohen, que je n'ai jamais rencontré, mais simplement de reprendre quelques arguments qui, j'en suis convaincu, finiront par s'imposer. À la sortie du livre, la journaliste Christine Kerdellant écrivait dans le journal *Les Échos*[1] : « Daniel Cohen raconte comment la révolution numérique a bouleversé nos vies, pour le meilleur ou pour le pire [...] et montre qu'il pourrait exister une voie permettant de réaliser l'utopie qu'elle portait en germe », c'est cette voie qui m'intéresse ! Daniel Cohen raconte la civilisation qui vient, la grande transformation en cours.

1. *Les Échos*, 23 septembre 2022.

Il montre comment la pandémie de Covid a servi de catalyseur à cette gigantesque transformation. Comment Microsoft avec Teams pour éviter les déplacements au bout du monde, Amazon avec sa plateforme pour remplacer les magasins de chaussures ou les libraires, et Netflix pour nous consoler des salles obscures et du théâtre, ont pu permettre à chacun de continuer de vivre. C'est grâce à l'intelligence artificielle que tout cela est possible et si les dommages collatéraux rendent notre consommation irrationnelle et impulsive, ce n'est pas à cause de la technologie mais de l'utilisation qui en est faite. C'est l'usage et non la technologie qui est mauvais, et remettre en cause la technologie pour empêcher l'usage ne sert à rien, surtout quand elle peut aussi nous offrir le meilleur. Quand Michel Serres écrit *Petite Poucette*, il décrit une révolution anthropologique et affirme que toute invention suppose par essence une sortie des sentiers battus, une rupture avec le conformisme. Résolument optimiste, il veut croire que le numérique qui fabrique Wikipédia prendra le pas sur celui qui enrichit Amazon et que les enfants du numérique finiront par choisir l'accès aux personnes et aux savoirs plutôt que le chemin qui conduit vers la dernière basket tendance.

Les derniers mois de 2022 ont encore accéléré les choses par la révélation à tout un chacun du potentiel que peuvent offrir les outils conversationnels. ChatGPT est capable de répondre à la question posée aux épreuves de philo du bac en quelques minutes. Doit-on interdire ChatGPT ou repenser nos systèmes éducatifs ? La réponse est vite trouvée quand on sait qu'il est utopique de penser à interdire ChatGPT. ChatGPT est à ce jour une des formes les plus abouties des possibilités offertes par l'intelligence artificielle. De la même manière, il y a dans l'intelligence artificielle un potentiel encore insoupçonnable pour construire des modèles agricoles qui ne seront plus intensifs en intrants mais en connaissances. Avec la prétention qui s'impose, je veux avec Daniel Cohen et Michel Serres croire que l'intelligence artificielle nous permettra de construire une agriculture intensive en connaissances capable de nourrir les femmes et les hommes et, osons le dire, en permettant de réparer la planète.

C'est la raison pour laquelle je suis résolument convaincu que seul un « numérique en commun » nous permettra d'y parvenir. Penser numérique en commun est essentiel dans un écosystème complexe ou tout devient interdépendant. Il ne peut exister de réponses simples à des problématiques aussi complexes que celles qui entourent le vivant (et donc l'agriculture). Plus les dépendances entre les parties prenantes d'un domaine sont nombreuses et interreliées (c'est le cas pour l'agriculture), plus il devient difficile pour chaque acteur de se coordonner avec une multitude d'autres intervenants si les ressources sont fermées et brevetées. À l'inverse, l'utilisation de ressources ouvertes démontre ainsi leur supériorité car elles permettent à un groupe qui les emploie de les utiliser plus rapidement, de s'ajuster et de se reconfigurer en permanence. Il y a alors moins de barrières, plus de liens, plus d'innovations. Pour chaque ressource, les conditions d'accès doivent être définies afin qu'elles soient utilisables, manipulables par un maximum d'acteurs.

Qu'en est-il dans la réalité ? Nous en sommes loin, et à l'instar de ce que dénonce Daniel Cohen, nous sommes en train de construire l'avenir du numérique agricole sur les poncifs du passé et d'amplifier les travers qui ont travesti l'économie de marché en agriculture comme ailleurs. Les grandes firmes qui, ne le nions pas, dominent le marché agricole mondial, ont compris l'aubaine que représente pour eux l'intelligence artificielle, pendant que nous nous étripons pour savoir quel modèle agricole doit s'imposer. Nous regardons le train passer, pris en otages par des néorévolutionnaires qui affichent vouloir tout conflictualiser pour détruire une société qui ne leur convient pas. Ce qui est regrettable au-dessus de tout, c'est que notre manque de courage face à une poignée d'exaltés nous écarte des vraies solutions pendant que d'autres avancent. Ces voies que prennent les nouvelles technologies ne sont pas forcément celles que nous aurions désirées, mais l'activisme dévastateur d'une minorité fait finalement le jeu de ce qu'ils veulent dénoncer.

L'usage de l'intelligence artificielle prend parfois des tournures surprenantes. Quelques exemples : quand au printemps, un producteur de maïs reçoit de sa coopérative ou de son fournisseur de semences un SMS lui indiquant qu'il peut semer, que la somme de température est suffisante et que le degré hydrométrique du sol est bon, l'agriculteur est satisfait de recevoir un conseil de culture pertinent sans même avoir eu à la demander. Il n'imagine pas que ce SMS a été conçu directement par la firme productrice de semences à partir des masses de données qu'elle possède et qu'elle se donne les moyens d'agréger (elle ne les possède pas toutes). Je vous laisse imaginer ce qu'il en sera demain quand les outils conversationnels se seront emparés de l'agriculture pour répondre aux questions des agriculteurs. Nous pourrons toujours au début railler que ces conseils « c'est de l'à peu près, que rien ne remplace le rapport direct avec un conseiller ou un rendez-vous bout de champ entre le conseiller et un groupe d'agriculteurs... », il n'empêche que la machine se perfectionnera en s'autoalimentant de nouvelles données, de ses erreurs et même de nos critiques. Les algorithmes s'affineront et c'est celui qui en maîtrisera l'usage qui aura la main, influençant ainsi les orientations de l'agriculture.

C'est ce qu'a compris Alphabet[1] en dévoilant il y a quelques mois la plateforme Mineral[2] tout droit sortie de X Company[3], la très secrète branche recherche de Google. Mineral se veut une plateforme ouverte capable d'organiser les données agricoles mondiales pour favoriser la durabilité. Leur ambition est de permettre de réinventer la production alimentaire en transformant

1. Alphabet : la holding de Google.
2. Mineral : filiale d'Alphabet dédiée à l'agriculture.
3. X Company : centre de recherche d'Alphabet.

l'ensemble des données agricoles mondiales en information. Transformer les données en information, c'est tout simplement activer l'intelligence artificielle.

Qu'est-ce que Mineral exactement ? L'entreprise construit des outils d'analyse innovants autour de l'apprentissage automatique et de l'intelligence artificielle et ces outils sont confiés sous licence à des partenaires et des clients qui pourront les utiliser dans tous les domaines de l'agriculture, quel que soit le modèle de fermes, grandes ou petites. Minéral a mis au point les Rovers, des robots capables de collecter une masse énorme de données sur les cultures. Ils collectent bien d'autres données disponibles ou mises à disposition par des partenariats. Ils « nettoient » d'abord ces données pour les rendre utilisables dans leurs algorithmes ou ceux de leurs partenaires puis, grâce à l'apprentissage profond, la donnée peut devenir une information.

Ces algorithmes vont par exemple permettre à des applications de reconnaître toutes sortes de plantes par une simple photo à n'importe quel stade de sa vie, de la plantule à la feuille, à la fleur ou à la graine. Il sera possible d'avoir une évaluation du risque que cette plante fait prendre à la culture dans laquelle elle pousse et de savoir comment s'en débarrasser si c'est nécessaire. Seule une énorme quantité de données agrégées sur une même plateforme est capable de fournir de telles indications. Prenons un autre exemple, celui des espèces comestibles négligées. Mineral a l'ambition grâce à ses algorithmes d'accélérer les processus de sélections de ces plantes pour permettre leurs cultures, notamment en stabilisant les rendements, mais aussi en travaillant les solutions nécessaires à leurs cultures et leur utilisation dans l'alimentation. Construire de tels modèles est coûteux, difficile, et ne peut être réalisé que par un tiers capable de mettre en place un système ouvert. Ce tiers doit-il être une entreprise privée comme Google ? Pas forcément, ce n'est même pas souhaitable, mais la nature a horreur du vide et nous ne pouvons pas reprocher à Google de profiter de nos tergiversations.

En 2023, l'Inrae[1], en collaboration avec un consortium de chercheurs européens, a publié une étude très riche sur le thème : « Une agriculture européenne sans pesticides est-elle possible en 2050 ? » Cette étude, très intéressante, pose bien les bases des différents scénarios mais ne nous met pas en ordre de marche pour y parvenir. C'est tout le contraire de Google avec Mineral. Une question se pose : doit-on construire notre propre plateforme ou s'associer à Google ? J'avoue que je suis partagé sur la réponse : pour aller vite, il me semble que s'appuyer sur les outils que propose Google (ou d'autres, Microsoft par exemple avec FBN[2]) nous fera gagner du temps… et pourtant, disposer d'une plateforme française et européenne ne doit pas être écarté, elle devrait garantir plus facilement notre indépendance technologique.

C'est ce que tente de mettre en place Agdatahub. Fondée par et pour les acteurs du monde agricole, elle se veut être l'acteur de référence de la circulation des données agricoles. Agdatahub se positionne comme la plateforme d'intermédiation de données agricoles référente en France et en Europe. Agdatahub propose des services qui permettent de sécuriser, d'échanger et de valoriser les données agricoles. A-t-elle l'ambition de se positionner comme une plateforme souveraine capable de proposer les mêmes services que Mineral ou FBN ? Je ne sais pas ! Ce n'est pas le cas pour le moment, et pourtant si nous voulons réussir à faire du numérique une technologie permettant de réaliser l'utopie qu'elle portait en germe, nous ne pouvons pas ne pas réfléchir à une plateforme française et européenne fondée sur nos valeurs communes. Une plateforme sur laquelle les start-up pourront venir *plugger* leurs solutions sur le modèle des grandes plateformes telles qu'Apple, Google ou Amazon. Faute de quoi, demain, ce sera chez Mineral ou FBN que les start-up iront chercher des collaborations et les agriculteurs suivront !

1. Inrae : Institut national de recherche pour l'agriculture et l'environnement.
2. FBN : Farmer Business Network.

ET DEMAIN ?

Si je vous dis : « J'ai trouvé une appli qui permet d'ajouter de la terre sur les mains », vous allez peut-être penser à un gadget de *greenwashing* pour jardinier du dimanche. Non, c'est tout autre chose, ce sont quelques mots posés dans la bulle qui fait parler un agriculteur du futur sur la couverture d'une excellente bande dessinée intitulée *Demain l'agriculture*, éditée chez Educagri[1] en 2018. Cette bande dessinée est l'agrégation de la production des lauréats d'un concours lancé par le ministère de l'Agriculture français et l'Inrae à la rentrée de septembre 2017. Les lycéens et étudiants en écoles d'agriculture ont été invités à donner leur vision de l'agriculture du futur sur une bande dessinée de quelques pages. Les dix meilleurs ont été sélectionnés par un jury auquel j'ai eu l'honneur de participer et ont été publiés. Il leur était proposé de raconter la journée d'un agriculteur ou d'une agricultrice, dans un monde « post-révolution numérique », sur la base d'un début d'histoire laissant une grande liberté pour en imaginer la suite. C'est ainsi que Faustine Tchakamian, élève ingénieure de quatrième année à l'Isara-Lyon ; Julie Rosenberg, élève ingénieure de première année à Bordeaux Sciences Agro ; Jason Letard, Maël et Marsac, élèves de terminale STAV au Lycée Nature à La Roche-sur-Yon en Vendée ; Élise, Lucien, Clara, Messikh, Océane, Miguel, Lucas, Olivier, élèves de première professionnelle au LEGTPA Albi-Fonlabour qui m'ont beaucoup intéressé avec leur Auxilarium, ou encore Johana Charton et Sarah Valdes, élèves en bac pro Gestion du milieu naturel et de la faune à la Maison familiale et rurale de Vif en Isère, ont rédigé cette bande dessinée publiée par Educagri. Je vous livre un petit extrait de l'une de ces histoires, repris *in extenso* dans les premières cases de la bande dessinée : « Je me sers une tasse, l'assistant vocal démarre : "Bonjour, il est 7 h 00 ici et 14 h 30

1. Educagri : information et promotion des établissements publics d'enseignement agricole.

sur votre fuseau horaire favori. Ici la journée sera belle, température moyenne de 34 degrés, vent modéré entre 25 à 30 km/h. Vos produits commercialisés hier se sont vendus à 103 % de la valeur estimée. Un seul problème technique cette nuit, une panne de capteur dans le secteur 8. Votre bulletin technique personnalisé est disponible. Passez une agréable journée, n'oubliez pas votre *live* programmé à 11 h 00" ». La place que prendra le numérique reste largement à écrire, mais il ne fait pas de doute que cette révolution changera le rapport au travail, revisitera les métiers et la nature des relations… de l'agriculteur au consommateur.

Si le numérique est entré dans nos vies, nos fermes, nos organisations, ce qui nous attend va beaucoup plus loin : nous entrons dans le monde de la Deep Tech : Data Lake, IA générative, apprentissage profond, et demain l'informatique quantique arrive. Les Data Lake et l'apprentissage profond sont déjà là, nous l'avons vu au chapitre précédent, c'est ce qu'Alphabet avec Mineral commence à mettre en place à très grande échelle. L'intérêt du Data Lake est d'être capable de stocker, gérer, nettoyer et rendre opérationnelles les données déstructurées, c'est-à-dire des données issues de logiciels construits indépendamment sur des bases techniques très différentes. Une caractéristique du numérique en agriculture est la diversité des utilisations : un agriculteur utilise directement ou indirectement le numérique pour sa comptabilité, ses enregistrements techniques, son suivi de troupeau et de culture, l'achat de ses fournitures et la commercialisation de ses produits, sans oublier la traite de ses vaches et le binage de la vigne par le robot. Toutes ces utilisations n'ont pas beaucoup à voir les unes avec les autres et pourtant toutes peuvent être utiles à intégrer dans des algorithmes qui seront précieux pour sa ferme dans le futur et pour construire l'agriculture de demain. Là commencent les difficultés entre la perception de Google ou Microsoft (pour ne citer qu'eux) et celle de nos agriculteurs, décideurs, entreprises européennes pour aborder l'avenir. Quand les GAFAM raisonnent nouveaux services, nouveaux usages, nouvelle agriculture, nous, nous pensons protection, normalisation, organisation. L'approche n'est pas du tout la même, et le temps que nous soyons capables de nous mettre d'accord pour établir une énième norme permettant de mettre en place un véritable Data Lake, il y aura longtemps que les agriculteurs, leurs coopératives et les entreprises seront partis chez Mineral ou FBN. Nos meilleures start-up auront trouvé de nouvelles applications en collaboration avec ces plateformes et, de toute manière, ceux qui les financent ne leur en auront pas laissé le choix.

Peut-on penser l'avenir en se référant aux erreurs du passé ou l'imaginer pour un futur désiré ? Toute la question est là : on ne pense pas l'avenir en regardant en arrière. Quand l'Inrae nous révèle son rapport « Une agriculture sans pesticides en 2050 est-elle possible ? », notre premier instinct bien français d'agriculteur lambda est de dire : « Ce n'est pas possible ! » De leur côté, les excités de l'environnement des beaux quartiers vont trancher rapidement en sortant deux interdictions et trois taxes du chapeau, et les décideurs mettront en place une commission pour accorder tout le monde. Nous sommes là très loin d'une attitude capable de préparer l'avenir. L'avenir est dans le « faire », et à ce jeu Mineral et FBN possèdent une avance considérable. L'expérience de 2021 et de notre incapacité à trouver un vaccin contre le Covid-19 doit nous servir de leçon et s'il y a urgence, elle est d'abord en nous, c'est dans notre capacité à affronter l'avenir que nous devons l'activer. Nous ne pouvons en vouloir à personne si de mauvaises orientations se prennent quand nous avons le pied sur le frein, ou pire si notre seule volonté est de détruire en affirmant arbitrairement que c'est pour le bien de la majorité. L'avenir est-il pour autant dans le solutionnisme technologique ? Non, bien sûr, la technologie n'est qu'un moyen dont nous devons choisir le meilleur. Pour autant, le rejet quasi systématique de la technologie n'est que le révélateur d'intentions qui sont plus généralement au service d'idéologies souvent douteuses et éloignées du bien commun.

J'aurais pu vous parler ici de technologies en lesquelles je crois et qui s'offrent désormais à nous. L'apprentissage profond et demain l'informatique quantique qui, par exemple, ouvriront la porte à la connaissance comme jamais nous n'avons pu le faire auparavant. Ils vont nous révéler la complexité de nos sols, comment les plantes dans ce monde invisible interagissent entre elles, comment nous pourrons anticiper bien des pathologies, évitant ainsi l'utilisation d'antibiotiques, comment assister le « mangeur » pour raisonner la consommation. C'est dans notre capacité à appréhender ces technologies que nous serons en mesure de leur faire confiance, de nous organiser et finalement de leur permettre d'exprimer tout leur potentiel au service du bien commun en sachant utiliser les technologies à bon escient. Je préfère vous parler de deux sujets qui me tiennent à cœur en matière de prospective : l'utilisation de la blockchain[1] pour la construction d'un passeport alimentaire, et l'utilisation de la VR[2], de l'AR[3] et de la VM[4] pour faire de la prospective en agriculture à partir de simulations visuelles proches de la réalité.

Pour ce qui est de l'utilisation de la blockchain, elle offre des possibilités intéressantes pour faire de la traçabilité de nos aliments un véritable passeport alimentaire. La blockchain est une technologie de stockage et de transmission d'informations transparente, sécurisée et fonctionnant sans organe central de contrôle. Elle permet de garder la trace d'un ensemble de transactions de manière décentralisé. La France est un pays leader en matière de traçabilité et l'utilisation de la blockchain (qui commence à faire sa place) peut donner à notre pays une avance considérable si nous savons repenser la traçabilité avec les technologies les plus en pointe.

1. Blockchain : la blockchain est une technologie de stockage et de transmission d'informations, transparente, sécurisée, et fonctionnant sans organe central de contrôle.
2. VR : réalité virtuelle.
3. AR : réalité augmentée.
4. VM : réalité mixte.

Quelques expériences existent déjà, IDSFood a développé un marqueur à code unique à base d'éléments 100 % naturels issus de la terre. Connecting Food et Christal Chain offrent déjà à plusieurs entreprises la possibilité de suivre toutes les composantes d'un produit alimentaire grâce à la blockchain. Il existe d'autres outils de suivi de notre alimentation, ce sont les outils collaboratifs tels que Yuka, qui permet au consommateur de déchiffrer les étiquettes et de partager sur l'application ses impressions. La généralisation de telles initiatives demandera du temps, mais les choses sont bien engagées. La France et l'Europe ont une position de leader sur le sujet. Pour aller plus loin dans l'utilisation de ces technologies, nous allons devoir repenser les cahiers des charges à partir des technologies qui sont présentes partout, nous n'y sommes pas encore !

L'utilisation de la réalité virtuelle, quant à elle, en est, si j'ose dire, au stade virtuel. Elle serait pourtant fort utile aux agriculteurs et à leurs conseillers. Pouvoir réaliser visuellement des simulations d'assolement, modéliser un programme de pâturage ou positionner à bon escient les arbres et les haies dans la vigne pour limiter les effets de la sécheresse et économiser des pesticides permettra à la fois de gagner du temps, d'éviter des déplacements et de mieux visualiser les choses. Pour créer ce genre d'applications à un coût raisonnable, il est essentiel d'avoir en amont créé les Data Lake qui permettront, entre autres ce type de réalisation. Ces technologies ne remplaceront pas l'homme, nous ne le dirons jamais assez, mais elles peuvent l'accompagner dans son savoir-faire et lui faciliter la vie.

Sur ce point, je ne résiste pas à l'envie de vous révéler le synopsis d'une des bandes dessinées de *Demain l'@griculture*. La BD a été créée par Loïse Triollet, étudiante en Master 1 de l'agrocampus d'Angers, elle s'appelle : « Culture et hologramme ». Voilà en quelques mots comment Loïse argumente sa BD : « Tout robotiser, tout automatiser, n'est-ce pas prendre le risque de couper l'homme de son savoir-faire ancestral, patiemment accumulé et façonné à travers les millénaires ? Les nouvelles technologies, bien utilisées, peuvent toutefois aider l'homme à se forger un environnement de vie calme, paisible, tout en facilitant son travail : une présence précieuse mais pas intrusive, en quelque sorte. Pour traduire cette idée, j'ai opté pour un graphisme très épuré qui marque le contraste entre la nature et l'anthropisation, notamment en ne colorant que les végétaux, à la craie (outil brut et naturel), tandis que tout ce qui résulte de l'action de l'homme demeure au feutre noir. Les mains, premier outil de l'homme, sont très présentes pour montrer que le lien entre l'agriculteur et ses cultures reste toujours aussi fort. Assistée par les nouvelles technologies, l'agricultrice de cette bande dessinée conserve ses pleins pouvoirs décisionnaires, dans une approche à la fois réfléchie et sensible qu'elle a à cœur de transmettre, rappelant que l'agriculture est la seule ouverture vers la reconnexion entre l'homme et les cycles naturels présents sur Terre. » Reconnecter l'homme et les cycles naturels avec l'appui du numérique, là est peut-être la solution ?

Chapitre 6
LES BIOTECHNOLOGIES

Écoute, l'herbe pousse !

Nous sommes en 2050, c'est l'histoire d'un vieux paysan vendéen un matin d'été. Le vieux est assis sur une saillie de granit au bord de la prairie où paît le troupeau. Le troupeau, c'est celui de son fils, il a repris la ferme il y a déjà quelques années. Depuis toujours, il aime venir ici de bon matin pour observer les champs et les prairies qui ont occupé l'essentiel de sa vie depuis qu'il a douze ans, c'était il y a bien longtemps, les *auxilarium* qui ont révolutionné l'agriculture n'existaient pas encore.

Ce matin-là son petit-fils le rejoint. Le jeune garçon est venu passer l'été à la ferme chez son oncle, celui qui a repris la ferme du grand-père. Le garçon pose son vélo au pied d'un arbre et rejoint son grand-père. Le grand-père et le gosse sont là tous les deux dans le silence d'un matin de juillet devant les vaches qui broutent sans se préoccuper d'eux. Le vieux le regarde, lui tend la main et le prend sur son genou, pointant la prairie du bout de sa canne, il lui chuchote à l'oreille :

« Écoute petit, écoute ! Qu'entends-tu ?
— Je n'entends rien papy, quelques oiseaux, c'est tout !
— Et toi, papy qu'entends-tu ? lui demande le garçon.

— J'entends l'herbe qui pousse.

— Mais l'herbe ne fait pas de bruit quand elle pousse papy, tu dérailles !

— L'herbe me raconte tout le travail qu'il a fallu faire pour que tout ça te semble naturel. »

D'un air mi-étonné, mi-goguenard, le gamin répond :

« Parce que la nature ne fait pas ça toute seule ?

— Si, elle peut, mais si nous voulons qu'elle puisse nous nourrir, il faut l'aider, lui répond le vieux. La nature, il faut d'abord l'écouter, la comprendre, puis l'aider. Quand tu auras compris ça, tu entendras l'herbe qui pousse.

— Ah ouais, dit le gamin, aider la nature ? Alors, raconte-moi, papy, comment tu entends l'herbe qui pousse !

— Pour être agriculteur, dit le grand-père, il faut avant tout savoir observer, essayer de comprendre, puis essayer, essayer encore, toujours avec beaucoup d'humilité. Elles sont là les vraies qualités du paysan. C'est l'essence même du métier, lui dit-il.

« Pour débuter, dit le grand-père, il faut que je te dise comment les choses ont démarré il y a quelques années, c'était en 2026 ou 2027, je ne sais plus trop. Avant ton oncle, c'est moi qui avais cette ferme, nous avions déjà des prairies comme celle-ci et du maïs comme tu vois là-bas et un peu de blé, mais je n'avais pas l'*auxilarium* que ton oncle a installé il y a maintenant dix ans dans l'ancien poulailler et dans le champ derrière la maison.

À cette époque, pour avoir de belles cultures pour nourrir le troupeau, nous utilisions des désherbants, des insecticides, des fongicides, beaucoup de produits chimiques que la science avait inventés pour permettre aux plantes de bien pousser. C'était efficace, mais pas très sain pour la santé et l'environnement. Déjà, dès 2015-2020, des start-up avaient commencé à nous proposer des produits biologiques moins nocifs pour la santé. Nous avons même été tenus de les utiliser ; petit à petit, les autres, "les produits chimiques", comme disaient ceux que nous appelions les sachants, étaient interdits sans que nous n'ayons vraiment de solutions. Ces gens-là nous ont fait beaucoup de mal à l'époque, c'était dur, beaucoup d'agriculteurs ont même quitté le métier. Il m'arrive encore de croiser quelques énergumènes de cette époque, ils ne sont pas beaux à voir, ils radotent toujours leurs vieilles histoires, mais plus personne ne les écoute aujourd'hui... et c'est tant mieux. À part nous faire perdre du temps, on peut se demander à quoi leurs gesticulations ont servi. Ils dénonçaient tout mais ne proposaient rien ! Ce sont ceux, comme ton oncle qui ont cherché, travaillé, pris des risques qui ont trouvé les solutions.

Un jour, grâce à la quantité d'observations que nous avions accumulées dans les bases de données qui existaient déjà (c'était encore le début du numérique), nous avons commencé à trouver des solutions. On commençait juste à parler d'informatique quantique, mais on ne savait pas encore l'utiliser, c'est tellement plus facile depuis ! Nous avons malgré tout commencé à comprendre qu'en associant une plante à une autre, en travaillant ce que nous appelons maintenant le microbiote du sol, les cultures donnaient de bons rendements sans pesticides. Depuis quelques années déjà, nous savions lutter contre les pucerons qui envahissaient les champs en apportant d'autres insectes qui s'en nourrissent ; c'était le début de ce que nous appelions "la lutte intégrée", maintenant nous maîtrisons ça beaucoup mieux. Il fallait cependant encore acheter beaucoup de produits et même s'ils étaient naturels, ça coûtait très cher, bien plus cher que les produits chimiques que j'utilisais quand j'ai commencé le métier d'agriculteur.

Alors, avec ton oncle qui était encore à l'école et avec quelques-uns de ses amis de l'école d'ingénieurs, nous avons eu l'idée de l'*auxilarium*[1] où nous élevons et cultivons tout ce qui

---

1. L'*auxilarium* est né de l'idée de la BD (dont nous avons parlé précédemment) proposée par Élise, Lucien, Clara, Messikh, Océane, Miguel, Lucas, Olivier, élèves de première professionnelle au LEGTPA Albi-Fonlabour dans le Tarn.

nous est nécessaire pour soigner nos cultures et même, depuis deux ans, nos vaches. Nous savons cultiver de nouveaux mycéliums capables de soigner le troupeau de montbéliardes qui produit le bon lait que tu as bu ce matin.

— Alors papy, c'est toi qui as inventé les *auxilarium* ?

— Non, moi je n'ai fait que le mettre en place à la Pitardière. Ce sont les copains de ton oncle qui maîtrisent totalement l'informatique quantique, qui préparent tout dans le jumeau numérique de la ferme[1], nous, nous n'avons fait que le mettre en place.

— Ouais, dit le gamin, mais tonton et toi, vous devez malgré tout comprendre comment ça marche pour le faire et les autres, là, ils n'ont pas le bon sens paysan qui vous permet de savoir si c'est réalisable ou non.

— Bien sûr, on va dire que c'est un travail d'équipe ! »

Cette histoire, vous l'avez compris, sort tout droit de mon imagination. Les *auxilarium* n'existent pas ou tout du moins pas encore. Dans les chapitres qui suivent, nous allons découvrir les technologies du vivant. Elles sont pour beaucoup toutes nouvelles, mais sont en passe de révolutionner l'agriculture. Peut-être qu'un jour, elles donneront vie aux *auxilarium*.

LÀ OÙ TOUT COMMENCE : LES SOLS VIVANTS

« Tout commence par le sol, cette fine couche de terre fragile qui rassemble plus de vie dans une cuillère à soupe qu'il n'y

1. Un jumeau numérique est une représentation virtuelle d'un objet physique, d'un processus ou d'un système. Dans le cas d'une ferme, un jumeau numérique pourrait être utilisé pour modéliser les opérations agricoles, les processus de production et les flux de travail. Il peut aider les agriculteurs à optimiser leur production, à améliorer la qualité des cultures et à réduire les coûts.

a de personnes vivantes sur Terre n'est pas seulement de la terre, c'est une ressource saine et extrêmement fertile qu'il convient de choyer », me dit Justine Lipuma la première fois que je l'ai rencontrée. C'était le 30 août 2021, à la terrasse du Café du Musée à l'angle du boulevard des Invalides et de la rue de Varenne à Paris. Nous prenions un café en terrasse, tous les deux en compagnie de Jérôme Le Roy, le président de La Ferme Digitale, avant de nous rendre à un rendez-vous au ministère de l'Agriculture à deux pas du bistrot. Si ce café pouvait dévoiler tous les plans qu'il a entendus s'étayer ici avant d'aller convaincre les ministres qui se sont succédé au 78 de la rue de Varenne, il aurait beaucoup à dire ! C'était la première fois que je rencontrais Justine, mais pas la dernière, nos parcours se sont très vite alignés et je peux même dire qu'une véritable amitié est née entre nous.

Justine Lipuma a d'abord été une brillante chercheuse de l'Inrae et de l'université Côte-d'Azur, où elle a beaucoup travaillé à caractériser les synergies naturelles qui existent entre les plantes et les champignons du sol pour les mettre en œuvre dans les agroécosystèmes méditerranéens de façon à rendre les cultures plus robustes face aux aléas climatiques et biologiques. Autant dire que la vie du sol est son terrain de jeu. Chaque jour que Dieu fait est pour elle une nouvelle aventure pour aller percer tout ce que les sols nous réservent comme secrets. Un jour, elle a voulu aller plus loin que cette recherche et s'est lancée dans l'aventure entrepreneuriale en créant Mycophyto, la start-up qui travaille à la régénérescence des mycorhizes du sol pour activer plus encore cette alchimie qui permet aux sols de générer la vie.

Respecter le sol qui nous nourrit, c'est à n'en pas douter ce qui doit être la base de la raison d'être de tout agriculteur qui se respecte. La chose est plus facile à dire qu'à faire. Quand les excités de l'environnement de salon posent en préalable à toute réflexion l'interdiction de tout ce qui a trait à la chimie pour conduire à une agriculture vertueuse, je suis obligé de dire que la réalité nous impose des compromis plus compliqués à mettre en place. Nous devons résoudre la double équation capable de produire à la fois plus et mieux : produire plus parce que dans les décennies à venir l'agriculture devra répondre à une demande croissante pour nous nourrir mais aussi nous déplacer (les biocarburants), nous loger et nous vêtir (les biomatériaux) ; produire mieux pour la pérennité des sols. C'est là que des choix cornéliens nécessitent d'être faits et qu'entre plusieurs « nuisances », il convient de choisir les moindres. Nous devons en tout premier lieu privilégier la connaissance des sols, tout le monde s'accorde là-dessus. Les nouvelles technologies nous permettent désormais d'aller très loin dans la connaissance de nos sols. La start-up américaine Trace Genomics[1] est capable de décoder toutes les informations de nos sols. Bien au-delà des analyses classiques capables de qualifier le pH[2] du sol, les taux de sable, de limon, la teneur en matière organique et la disponibilité du sol en azote, phosphate, potasse, calcium ou autre microéléments, Trace Genomics analyse la biologie et ses interactions avec les propriétés physiques et chimiques des sols. Voici comment ils se caractérisent : « Grâce à notre génomique avancée, nos données inégalées et nos solutions intégrées, nous savons comment traduire les données en information et en action afin que vous puissiez maximiser vos résultats. » Connaître l'état du sol et pouvoir contrôler son évolution est essentiel à la définition des itinéraires techniques de cultures pour les agriculteurs, mais, avouons-le, l'emploi de technologies aussi abouties que Trace Genomics n'est pas encore très courant.

D'autres choix sont plus compliqués et font débat : agriculture biologique ou de conservation des sols, par exemple. « Les deux mon capitaine », diront les « diseux » de salon, mais ce n'est pas

1. Trace Genomics est une entreprise de technologie agricole qui fournit des analyses de sol de pointe pour aider les agriculteurs à maximiser leur production et à améliorer la qualité de leurs cultures.
2. pH : taux d'acidité du sol.

si simple. L'agriculture biologique interdit tout usage de pesticides de synthèse, dont le désormais réputé « glyphosate », mais autorise le labour, pratique certes ancestrale mais destructrice de la vie des sols. L'agriculture de conservation des sols, quant à elle, s'affranchit du labour mais nécessite l'utilisation raisonnée de « glyphosate » qui, par ailleurs, n'est pas sans effet sur le microbiote du sol. Nous devons alors de deux maux choisir le moindre et celui qui nous conduira le plus vite vers la régénérescence de sols vivants. À ce jeu, c'est la deuxième hypothèse qui l'emporte, mais comme il est plus facile d'interdire que d'innover, c'est l'agriculture biologique pourtant plus destructrice de la vie des sols qui emporte la mise. Moins complexe à mettre en œuvre, elle bénéficie d'un cahier des charges permettant de mieux valoriser ses productions, mais son impact sur le sol et l'environnement n'est pas au rendez-vous des promesses qu'elle est censée faire espérer. Nous avons plus affaire à une bonne opération de marketing pour gogos boboïsés qu'à une véritable avancée en matière de préservation de l'environnement. Tous les spécialistes de la régénération des sols vous le diront, c'est pour le moment par des compromis entre un usage extrêmement raisonné de la chimie et la redéfinition du travail du sol que nous obtiendrons les meilleurs résultats. Il est dommage que l'ambiance délétère qui domine le débat actuel sur les différents modèles agricoles ne permette pas de prendre des orientations pragmatiques.

Il est pourtant nécessaire d'aller vers des compromis pour trouver des solutions ou plutôt des itinéraires capables de faire évoluer notre agriculture vers des pratiques plus « vertueuses ». C'est à ça que s'emploient des start-up travaillant à optimiser le fonctionnement du végétal ou des sols. Axioma par exemple développe des biosolutions permettant d'optimiser le fonctionnement du végétal. Il existe beaucoup d'autres entreprises ou start-up sur ce créneau et les instituts techniques agricoles expérimentent diverses solutions pour éclairer les choix des agriculteurs. Deux entreprises retiennent mon attention : Mycophyto, bien sûr, et Beston Group qui développe un process capable de fabriquer du biochar : amendement aux vertus reconnues depuis longtemps, notamment en Amérique du Sud, mais laissé-pour-compte au profit des engrais chimiques, plus faciles à utiliser. Mycophyto apporte des solutions microbiologiques adaptées à la vie des sols après avoir obtenu une parfaite connaissance personnalisée de chaque sol pour pouvoir enrichir son microbiote. Beston Group de son côté développe des équipements de production de biochar. De plus en plus de start-up ou de fabricants d'amendements ou d'engrais proposent des biochars, qui sont à la fois des produits nouveaux et très anciens fabriqués à partir de la pyrolyse de la biomasse chauffée à très haute température en absence d'oxygène (la biomasse est issue de la filière bois, de résidus de récoltes, de déchets verts ou alimentaires)[1]. L'intérêt du biochar n'est pas uniquement pour le sol, il l'est également pour aider un territoire à transformer ses déchets (tout comme c'est le cas pour les composts de déchets alimentaires et de végétaux urbains : biochar et compost sont complémentaires) afin qu'ils puissent retourner localement nourrir la terre qui permettra de nourrir la population. C'est un aboutissement très vertueux du raccourcissement des circuits de production.

LES TECHNIQUES D'AMÉLIORATION GÉNÉTIQUE

Nous sommes le lundi 24 juin, une voiture m'attend devant mon hôtel à Casablanca. Je suis arrivé au Maroc il y a quelques jours, à l'invitation d'Hicham El Habti, le président de UM6P. Je suis invité à témoigner à l'occasion du lancement du programme

1. Le biochar peut parfois être comparé au compost, toutefois leurs fonctions sont sensiblement différentes et complémentaires : le compost est un amendement riche en nutriments et le biochar est un matériau poreux et carboné qui va aider à retenir l'eau et les nutriments dans le sol, mais qui ne fournit pas de nutriments aux plantes.

d'accélération de start-up agricoles que met en place l'Université Mohamed VI polytechnique (l'UM6P) pour accompagner le développement de l'agriculture au Maroc et en Afrique. L'université a mis en place à Benguérir, ville nouvelle en plein désert, une ferme expérimentale de cent hectares à disposition des étudiants et des chercheurs afin de tester en continu l'impact de leurs travaux de recherche à échelle réelle. J'ai demandé à visiter l'université et la ferme pour me rendre compte de ce qui s'y fait. Mes hôtes marocains, dont le sens de l'hospitalité n'est plus à démontrer, ont accepté ma requête, me réservant même un accueil au-delà de ce que je pouvais espérer. Inspiré du modèle des universités américaines, l'UM6P a adopté le modèle *learn by doing* (apprendre en pratiquant) pour l'ensemble de ses filières et dispose pour cela de ce qui se fait de mieux au monde en matière de laboratoires dans toutes les disciplines : médecine, technologies numériques, environnement, agriculture...

Sur la ferme expérimentale, je découvre une énorme collection de cactus, de moringa, d'aloe vera aussi bien dans des serres qu'en plein champ. Je comprends vite le privilège qu'ils m'ont accordé en me permettant de visiter ce site, je suis devant une des plus belles collections au monde de ces plantes dont l'usage m'était jusqu'alors quasiment inconnu. L'objectif de l'entretien de ces collections est de trouver parmi elles les souches à multiplier pour contribuer à la mise en place de la grande muraille verte[1] et de trouver de nouvelles cultures adaptées au changement climatique dans les zones arides particulièrement exposées. Les plantes sélectionnées devront à la fois être capables de stopper l'extension du désert tout en fournissant de la nourriture aux personnes et aux cheptels. C'est l'essence même du travail de sélection des plantes

1. La grande muraille verte est une initiative phare de l'Union africaine pour lutter contre les effets du changement climatique et de la désertification en Afrique qui vise à créer une mosaïque d'écosystèmes verts et productifs en Afrique du Nord, au Sahel et dans la Corne de l'Afrique.

réalisé par les hommes depuis au moins dix mille ans. Ce qui est formidable dans cette expérience marocaine, c'est la volonté de mettre les dernières technologies, les meilleurs chercheurs et leurs étudiants au service de la sélection de plantes quelque peu délaissées, mais capables de rendre de grands services à des régions du monde qui en ont bien besoin.

J'ai voulu commencer ce chapitre par cette expérience vécue parce qu'elle offre un angle de vue différent de ce que l'on entend communément en France en matière d'emploi de techniques nouvelles de sélection végétale. Si les questions d'éthique et de précaution ne doivent pas être oubliées dans l'utilisation de ce que la science nous apporte de nouveau, il est intolérable qu'elles soient prétexte à toutes sortes d'obscurantisme ou de militantisme. Dans bien des cas, ce n'est pas la technologie qui doit être contestée, mais sa capacité à être au service du bien commun ou d'intérêts privés qui doit être évaluée. Nous devons tout d'abord revenir aux fondamentaux et poser la question : pourquoi est-il nécessaire de sélectionner les plantes et les animaux ? Sans entrer dans les détails, je dirais que c'est avant tout pour sécuriser les rendements, la résistance de telle ou telle espèce tout en conservant (c'est plus nouveau) la diversité nécessaire à l'équilibre environnemental. C'est en gros les raisons pour lesquelles l'homme a toujours eu le souci de sélectionner les plantes et les animaux. Le désalignement qui a conduit ces dernières décennies à sélectionner un nombre de plus en plus limité d'espèces à des fins parfois contestables ne doit pas nous faire remettre en cause l'intérêt de la sélection et l'emploi de nouvelles techniques que la science peut désormais nous offrir.

Les nouvelles technologies en matière de sélection, tant dans le règne végétal qu'animal et même humain, nous offrent des possibilités que l'humanité n'aurait même pas soupçonnées il n'y a pas si longtemps : la connaissance du génome ! La génomique, c'est ainsi que l'on nomme la connaissance du génome, ouvre considérablement le champ du possible. Le rendement n'est plus le seul (ni même le principal) critère de sélection des blés, maïs, riz, légumes, fruits, plantes fourragères... Les critères de qualité, de robustesse prennent de plus en plus d'importance et la sélection génomique donne des possibilités considérables. Elle permet par exemple d'identifier des gènes spécifiques associés à des caractéristiques telles que la résistance aux maladies, la tolérance à la sécheresse, la qualité des cultures et la productivité, permettant ainsi de développer des plantes plus résistantes aux stress environnementaux, et d'améliorer la qualité et les rendements des cultures. La connaissance du génome permet surtout un gain de temps considérable : avant la connaissance du génome, il était nécessaire de comparer des centaines, voire des milliers de souches différentes pour trouver celle qui correspondait le mieux à nos attentes, et le risque d'erreur était considérable. Nous pouvons désormais diviser par deux ou par trois le temps d'obtention d'une variété.

Nous savons désormais aller plus loin en travaillant au cœur même du génome. Il est alors évident que les décisions relatives à ces nouvelles techniques doivent prendre en compte à la fois les considérations scientifiques et les implications éthiques, sociales et culturelles. Nous devons nous assurer que le travail au cœur du génome est bénéfique, respectueux des valeurs et des droits de l'ensemble de la société. C'est la raison qui me conduit à penser qu'il est plus important d'évaluer le ratio du rapport au bien commun et à l'intérêt privé que d'interdire au prétexte que de toute manière c'est l'intérêt du grand capital qui prendra le dessus dans la décision d'accepter l'utilisation des technologies de travail du génome. C'est une forme de démission indigne de la volonté de faire société commune. Nous ne pouvons nier le fait que le marché des semences est en grande partie partagé par un nombre de plus en plus restreint de grandes entreprises. Il est tout aussi indéniable que leurs objectifs se sont désalignés du bien commun : le profit à court terme incitant les cultivateurs à revenir chercher leurs semences chez eux chaque année a pris le dessus sur la nécessaire implication des producteurs dans le renouvellement de leurs propres semences.

Est-ce une raison suffisante pour interdire des techniques aussi prometteuses que les NBT[1] (terme générique regroupant les différentes techniques permettant de travailler le génome des plantes) ? Je pense que non, et qu'il sera préférable de travailler à convertir en *open source* tout ce qui a trait à l'utilisation de ces technologies, permettant ainsi leur utilisation par tous ceux pour qui elles représentent un intérêt, et garantir la transparence nécessaire justifiant la pertinence de leur emploi.

Par exemple, la capacité à connaître le génome et à le travailler nous ouvre des possibilités considérables pour améliorer toutes les espèces cultivables orphelines dont nous avons parlé précédemment et il serait irresponsable de vouloir s'en priver. Le travail à réaliser en matière de droit d'utiliser telle ou telle technique doit être appréhendé sous l'angle de la détention de la propriété intellectuelle. Le génome est le premier bien commun de l'humanité et ne doit pas pouvoir être privatisé, les techniques qui permettent de l'améliorer sont quant à elles le fruit d'un travail qui peut potentiellement faire l'objet d'un copyright. Il est nécessaire de trouver une formule capable d'associer le caractère non privatisable du génome et la valorisation des technologies permettant sa connaissance et son amélioration. C'est à la communauté internationale de s'emparer du sujet pour trouver les dispositions afin d'assurer la transparence nécessaire permettant à chacun de s'emparer du sujet. Les NBT doivent être ouvertes et chaque utilisateur – grande firme semencière, start-up ou cultivateurs (seuls ou en groupement) – doit rendre publiques ses techniques en les rendant disponibles à chacun sous la responsabilité d'un régulateur. En France, ce régulateur existe déjà, Semae[2] peut jouer ce rôle. Il faut avant tout rompre avec la culture du secret qui entoure la sélection variétale depuis

1. NBT : New Breeding Techniques ou nouvelles techniques de modification du génome.
2. Semae est l'interprofession des semences et plants en France qui rassemble tous les acteurs du secteur des semences.

toujours. Du petit producteur à la multinationale, c'est ce qui fait privilégier l'esprit de compétition à la volonté de coopération pourtant bien plus productive pour chacun. Nous ne pouvons pas nous contenter de jeter les technologies au prétexte d'utilisations ne respectant pas l'éthique. Il ne doit même pas être question de moratoires, la plupart des techniques d'amélioration du génome sont éprouvées. Nous devons penser à ce qu'elles peuvent nous apporter, et si le mot urgence a encore un sens, ce doit être de trouver un mode d'emploi permettant l'innovation au service du bien commun plutôt que l'interdiction au service d'idéologies destructrices sur fond de collapsologie !

BIOTECHNOLOGIE ET PROTÉINES... ANIMALES ET VÉGÉTALES

Je suis allé dans les monts du Jura pour la première fois les 29, 30 juin et 1er juillet 1980, j'avais 23 ans et je venais de m'installer en tant qu'agriculteur de l'autre côté de l'Hexagone, en Vendée. L'objectif de ce déplacement était de découvrir la race bovine montbéliarde qui me semblait plus en phase que d'autres avec la vision que j'avais de l'élevage. Dans le bocage vendéen où était notre ferme, l'élevage de bovins tombait alors comme une évidence (c'est moins vrai aujourd'hui) et le choix se faisait avant tout sur une option de production de lait ou de viande. J'avais plutôt choisi le lait, mais je voulais également de la viande, une sorte « d'en même temps » avant que la formule ne devienne tendance ! Je voulais des animaux capables à la fois de produire beaucoup, de fournir un lait riche et de qualité, suffisamment de viande à la fin de leur carrière de laitière, et assez rustiques pour ne pas me coûter une fortune chez mon vétérinaire. Une sorte de couteau suisse version bovidé. La Confédération helvétique toute proche ne pouvait qu'avoir influencé positivement les générations d'éleveurs jurassiens qui avaient façonné la montbéliarde depuis des décennies et même des siècles. Je devais donc trouver là-bas ce dont j'avais besoin. De toute façon, la qualité de leurs fromages, le Comté, apportait la preuve vivante du travail réalisé pour améliorer au fil du temps la vache pie au poil roux. Ce voyage au pays des monts et des vaux finira de me convaincre de l'intérêt de ces vaches, et de 1981 à 1983 je suis retourné une dizaine de fois chercher les animaux qui feront ensuite l'ossature de mon troupeau.

Au fil des ans, ce troupeau acquit une réputation qui dépassa vite les limites de la Vendée et même du pays. Nous nous sommes très vite investis dans la sélection bovine. En élevage de ruminants (bovins, ovins, caprins), l'implication des éleveurs est très importante *a contrario* de ce qui se passe pour les végétaux cultivés. Sans que ces mots ne soient dans le langage courant, la notion de commun est consubstantielle de l'amélioration génétique bovine et l'arrivée des nouvelles techniques de sélection n'a rien changé. L'utilisation des nouvelles techniques de sélection n'y fait que peu débat. C'est ainsi que l'édition du génome est devenue monnaie courante dans les élevages de vaches laitières. Il permet de connaître chaque animal avec une précision incroyable et d'affiner les pratiques d'élevage en privilégiant la prévention aux traitements curatifs. L'utilisation d'antibiotiques autrefois banalisée est désormais souvent remplacée par des traitements plus doux en prévention de bien des maux. Le renforcement de l'immunité naturelle des animaux, sans devenir encore une généralité, se développe sensiblement. De telles pratiques nécessitent trois choses : une formation très pointue des éleveurs et de leur écosystème (vétérinaires, conseillers techniques, collaborateurs...), la mise en place de méthodes de surveillance des troupeaux adaptées et le développement de nouveaux produits fiables et approuvés.

Quelques start-up ont retenu mon attention à ce sujet, c'est le cas de AIHerd qui permet de détecter toutes les pathologies et les anomalies dans les élevages laitiers par une solution de détection non intrusive basée sur la vidéosurveillance (permettant de suivre le comportement du troupeau, de détecter des anomalies ou une mise bas) et l'intelligence artificielle. Même si certains sont capables de se poser la question, la vidéosurveillance n'est pas ici une technique considérée comme intrusive : le respect de la vie privée des bovidés ne préoccupe pas grand monde et il est rare de trouver des couples d'éleveurs à copuler au milieu de la stabulation. Bref, cet équipement donne de bons résultats pour un retour sur investissement assez rapide et il permet d'anticiper bien des problèmes. Ce que fait Rumexperts m'intéresse également, c'est un peu la continuité de AIHerd. Rumexperts fournit des services aux sociétés spécialisées dans les biotechnologies et la biopharmacie ainsi qu'aux éleveurs. Il est ainsi possible de prévenir nombre de pathologies dans les élevages. Nous ne sommes qu'aux prémices de ce que pourront offrir les biotechnologies en élevage. L'association de la connaissance de la génétique, du comportement du troupeau, de l'étable, de la porcherie ou de la basse-cour, et l'apport de produits biopharmaceutiques adaptés permettront des résultats que la médecine curative n'a jamais su apporter.

Si l'innovation en matière d'amélioration génétique et de suivi des élevages permet de répondre à de nombreuses questions pour nous fournir des solutions capables de répondre à notre besoin de nous nourrir, de préserver notre santé et de préserver l'environnement, ils n'auront pas la capacité de répondre seuls aux besoins qui se font grandissants. Les besoins en protéines pour satisfaire la demande de consommation humaine vont doubler dans les trente ans qui viennent. Nous devons réduire notre consommation de viande et de produits carnés, me direz-vous ! C'est vrai pour nos populations occidentales goinfrées aux burgers, mais nous devons intégrer deux choses : l'augmentation de la population mondiale (25 à 30 % dans les cinquante ans qui viennent) et l'augmentation globale du niveau de vie. L'Occident burgerisé qui doit fournir des efforts ne représente que 30 % de la population mondiale et n'en représentera plus que 20 % en 2050.

Une bonne partie du reste de la population de la planète ne rêve que de mettre un bout de poulet dans son bol de riz et je me vois mal leur dire que ce n'est pas bien ! Il n'est pas question non plus de chercher des solutions pour les uns différentes de celles qui seraient permises aux autres. Si la solution doit être personnalisée, elle doit également être globalisée dans ses objectifs. Souvenez-vous du double besoin grégaire de l'homme : celui de se nourrir et sa liberté.

Dans le monde entier, des start-up travaillent sur l'apport en protéines dans l'alimentation humaine et animale en développant l'élevage d'espèces nouvelles ou bien encore en mettant au point le développement d'aliments à partir de cellules souches. Nous touchons là au tabou et même au sacré, mais à l'image de nos ancêtres qui voyaient dans les pommes de terre et autres tubercules venant de la terre des formes d'aliments venant des enfers (au Moyen Âge, les croyances situaient l'enfer, et donc le mal, sous la terre), nous devons nous affranchir de fausses images qui ne sont que des tabous. La France se positionne comme leader en ce qui concerne l'élevage d'insectes. Deux start-up retiennent mon attention : Ynsect et Invers. La première intègre l'alimentation humaine dans son mix produit, la seconde ne l'a pas encore fait, mais ce n'est pas l'essentiel de leur intérêt. Ynsect élève les insectes pour les transformer en aliments pour animaux, en ingrédients pour l'alimentation humaine et en valorisant leurs fientes sous forme d'engrais qu'ils distribuent dans les réseaux classiques de distribution ; Invers de son côté joue la carte de la coopération en faisant éclore les larves dans ses couvoirs avant de les envoyer se développer dans des élevages sur le modèle classique de l'élevage avicole en France. Dans la palette du possible, elles apportent des solutions venant compléter ce que font les élevages plus traditionnels. C'est également le cas de Vital Meat, une toute nouvelle entreprise qui développe des viandes à partir de cellules ovipares. Ce qui m'intéresse beaucoup dans chacune de ces sociétés, c'est qu'elles ne se positionnent pas en remplacement de l'agriculture et de l'élevage classique, mais en complément de ce qui existe déjà et qui doit conserver toute sa place… en s'améliorant, cela va de soi.

L'EAU AU CŒUR DE TOUS LES DÉBATS

Le sujet que je veux aborder maintenant est sûrement celui qui a le plus marqué ma vie, c'est celui de l'eau. Nous étions en janvier 1987, réunis dans la salle de l'ancienne mairie de Moutiers-sur-le-Lay, notre commune. C'était l'assemblée générale du syndicat agricole local, la cellule de base de la FNSEA. La FNSEA n'est pas comme ses détracteurs veulent le faire croire une puissante nébuleuse au service de l'agro-industrie, mais la construction d'un énorme puzzle ou chaque commune représente une pièce essentielle. Nous sortions d'une sécheresse qui avait marqué notre sud Vendée et le développement des prélèvements dans le Lay, notre petit fleuve local, que j'appellerai plus tard notre « rivière espérance », nous préoccupait. Chaque été, nous mettions à mal l'écoulement et l'écosystème du cours d'eau par nos pompages excessifs et, il faut bien l'avouer, ce qui nous préoccupait le plus, c'étaient les interdictions de pomper qui pouvaient stopper l'irrigation en pleine saison. Nous avions tous investi beaucoup dans des installations d'irrigation pour sécuriser nos cultures et les interdictions de puiser dans « la rivière » pouvaient vite devenir fatales à nos entreprises. Quoi qu'on en dise, il n'existe pas d'agriculture sans eau, simplement parce que l'eau est la première composante des plantes et de la plupart des êtres vivants. Deux choses caractérisaient la Vendée dans les années 1980 et c'est toujours le cas : une agriculture dynamique porteuse d'emplois, de valeur ajoutée et une tradition de gestion collective de l'eau mise en place dès les années 1950 pour assurer l'approvisionnement en eau potable pour l'ensemble des populations du département.

Si la Vendée a toujours pensé collectif en matière de gestion de l'eau, ce n'est pas parce qu'elle est plus visionnaire qu'ailleurs, c'est simplement parce qu'elle n'est pas traversée par un grand fleuve et que les nappes qui disposent d'eau en abondance sont totalement excentrées par rapport aux besoins. C'est ainsi que dès le milieu des années 1950, les premiers barrages destinés à stocker de l'eau pour l'approvisionnement en eau potable sont apparus. Quelques années plus tard, les besoins d'étiages des marais vendéens sont venus compléter la demande. Dans les années 1970, les premières préoccupations environnementales commençaient à apparaître et la gestion par les syndicats de marais de ces zones humides facilitait la gestion collective de ce que nous n'appelions pas encore un bien commun. C'est dans ce contexte que nous avons conduit notre réflexion pour trouver des solutions aux besoins en eau de notre agriculture locale faite de céréales, de maïs bien sûr, mais aussi d'élevage et de production de fruits et légumes. Nous avons créé en 1987 une première association pour étudier comment nous pouvions répondre aux besoins d'eau pour l'agriculture, nous la baptiserons « de l'eau pour tous » ; le nom est venu naturellement tant notre volonté était de ne laisser personne de côté. C'est de cette première association que sont nées plusieurs associations syndicales autorisées (ASA[1]) capables de construire et gérer les ouvrages nécessaires au stockage de l'eau pour les cultures, au plus près des besoins et en synergies avec les autres usages et besoins. Nous avons appelé la nôtre « l'ASA des Roches bleues », elle existe toujours. Depuis maintenant plus de trente ans, ce que nous avons mis en place à la fin des années 1980 fonctionne toujours pour le plus grand bien des cultures, de la faune et la flore aquatique. Tous sont heureux comme des poissons dans l'eau bien au-delà de ce que pourrait nous apporter notre « rivière espérance » si nous l'avions figée dans son état naturel.

---

1. ASA : groupement de propriétaires fonciers ayant le statut d'établissement public administratif créé et contrôlé par l'État, qui permet d'effectuer en commun des travaux d'amélioration, d'entretien ou de mise en valeur de biens ainsi que de gérer des problèmes environnementaux.

Nous pouvons désormais aller bien plus loin, les avancées de la connaissance de la génétique des plantes, de leur capacité à résister ou non à un stress hydrique passager, et aussi de notre capacité à les travailler pour améliorer cette résistance, nous permettent de les adapter aux conditions climatiques nouvelles. Qu'on le veuille ou non, les plantes s'adapteront, ce n'est pas nouveau, Darwin l'a démontré bien avant que nous nous posions la question. Pouvons-nous attendre qu'elles le fassent toutes seules ? Peut-être dans certains cas mais le plus souvent, un coup de pouce de l'homme ne peut que faciliter les choses. C'est dans cette perspective que doit se raisonner l'utilisation des NBT, nous l'avons déjà dit.

Les choix techniques et le matériel sont aussi des éléments importants à prendre en compte en matière de gestion de l'eau. La question de l'efficience de l'eau grâce au matériel sera de plus en plus prégnante. Des équipements qui concourent à cette efficience existent : rampes tractées, pivots et goutte à goutte sont désormais monnaie courante, les robots d'irrigation le sont moins mais commencent à se développer. Osiris agriculture, par exemple, développe Oscar, premier robot autonome et polyvalent capable d'optimiser l'irrigation, la fertilisation et la protection des cultures pour les productions de pomme de terre et de légumes. Le séquençage des apports sur une parcelle suivant la capacité de rétention du sol est aussi une piste qui se travaille. Il s'agit de n'apporter que la dose nécessaire dans les différentes zones de la parcelle, définies soit préalablement à l'aide d'une carte de sol, soit en cours de saison à l'aide d'une carte de végétation. L'objectif, à terme, est de coupler l'ensemble des cartes pour s'adapter à chaque tour d'eau. L'innovation devrait également bientôt venir des capteurs qui établissent le besoin réel de la plante. Cette information sera plus précise que les modèles actuels basés sur l'état hydrique du sol, que ce soit grâce aux bilans hydriques ou avec les sondes de mesure. Plusieurs entreprises, comme Agriot ou Vegetal Signals, annoncent tester de tels capteurs pour estimer les besoins en eau des plantes en anticipant les stress hydriques.

Ce sont aussi des interactions entre le microbiote du sol et la plante que viendront les solutions et nous l'avons déjà dit, la connaissance du sol et de ses interactions avec la plante est essentielle. Mycophyto dont nous avons déjà parlé annonce des résultats spectaculaires en matière d'économie d'eau et d'augmentation de rendements grâce aux mycorhizes. Les mycorhizes du sol, qui sont une association symbiotique entre les racines des plantes et les champignons, jouent un rôle majeur dans la prospection et l'extraction de l'eau du sol à destination des racines. Les plants en symbiose mycorhizienne présentent une meilleure conductivité hydraulique et un taux de transpiration réduit en situation de sécheresse. Les mycorhizes favorisent également la biostabilisation des sols en formant un réseau de filaments mycéliens pouvant atteindre trente mètres par gramme de sol. Les mycorhizes jouent ainsi un rôle majeur dans la prospection et l'extraction de l'eau du sol à destination des racines. Les plantes en symbiose mycorhizienne présentent une meilleure conductivité hydraulique et un taux de transpiration réduit en situation de sécheresse.

La solution est-elle dans les mycorhizes, le matériel d'irrigation, l'amélioration génétique, la réhabilitation d'espèces oubliées ou négligées, le stockage de l'eau ? La réponse est à la fois claire et évidente : dans toutes et dans chacune ! Aucune de ces options ne peut apporter de solution indépendamment des autres. Il n'est même pas question de privilégier l'une ou l'autre mais de travailler les complémentarités et les synergies. Il ne sert à rien d'interdire quoi que ce soit, ni même de palabrer durant des jours et des mois en s'apitoyant sur une situation qui certes n'est pas réjouissante, mais l'a-t-elle été un jour ? Seules la formation et l'innovation nous permettront d'avancer !

ET DEMAIN : LA DEEP TECH ?

Essayer d'avancer pour s'améliorer sans cesse, et surtout le faire discrètement sans forcément l'afficher publiquement comme si c'était quelque chose d'acquis, c'est ce que fait le Comité interprofessionnel des vins de Champagne, le CIVC[1], depuis qu'il existe. Créée en 1941, l'interprofession des vins de Champagne est la plus ancienne organisation interprofessionnelle en France. Je l'ai découverte en novembre 2022 alors que j'étais invité à intervenir devant le *think tank* Planet A à Châlons-en-Champagne. J'étais là pour parler d'innovation en agriculture devant un parterre de dirigeants et le matin, avant mon intervention, ils étaient conviés à visiter les laboratoires de l'interprofession à Épernay et m'ont gentiment proposé de me joindre à eux. Ce laboratoire est un lieu unique où les besoins agrestes du paysan rencontrent ceux du raffinement à la française. C'est ici que sont testés les meilleurs assemblages qui permettent de réaliser les élixirs qui viendront régaler les palais dans les plus grands palaces du monde. C'est également ici que sont homologuées les nouvelles variétés qui donneront les meilleurs vins et où les viticulteurs viennent quérir les nouvelles techniques de culture et de vinification. L'interprofession se doit d'anticiper les demandes à la fois des clients et de ses mandataires. Les tendances et les besoins futurs sont regardés avec la plus grande attention.

À la question « une agriculture sans pesticides en 2050 est-elle possible ? », ils essaient tout simplement de trouver des solutions pour répondre oui ! Ce sont ces solutions ou tout au moins les pistes capables d'y conduire qu'ils nous ont montrées ce jour-là avec une transparence que je n'aurais pas imaginée dans un tel endroit où la discrétion fait office de culture. Rien n'est tabou et rien n'est rejeté dans ce laboratoire au service du breuvage qui régalait Dom Pérignon. C'est ainsi que j'ai découvert que pour

1. CIVC : Comité interprofessionnel des vins de Champagne.

s'adapter aux changements du climat et développer la rusticité des vignes capables de résister aux attaques du mildiou et de l'oïdium, ils travaillent désormais des variétés hybrides en abandonnant petit à petit les plans greffés qui faisaient autorité depuis la crise du phylloxéra à la fin du XIXe siècle. Leur seule préoccupation est d'être capables de s'adapter aux impératifs et demandes nouvelles, sans altérer la qualité que le consommateur attend du prestigieux breuvage. Pour aller vers le zéro pesticide, et atténuer les effets du changement climatique, ils testent de nouveaux écartements des rangs de vigne, l'enherbement ou le choix des espèces. Rien ne doit être laissé au hasard. Ils positionnent même des haies de manière judicieuse dans les vignes. Les essences sont choisies avec pertinence pour favoriser les interactions entre les plantes.

Dire que des interactions existent entre plantes n'est pas une vue de l'esprit, même si nous n'en avons pas encore levé tous les secrets, nous savons que ça existe. Le microbiote qui entoure la vie du végétal ne nous a pas encore révélé tous ses mystères. Si les arbres peuvent communiquer, ce n'est pas comme dans le film *Avatar*, mais si l'on en croit The Conversation[1], les arbres échangent des informations entre eux, et avec les microbes, les insectes ou encore les oiseaux qui vivent dans leurs branches et autour de leurs racines. La plupart du temps, ils communiquent pour se défendre contre les attaques des insectes herbivores ou des champignons parasites. Chez les arbres, le signal qui sert à la communication est un signal chimique porté par de petites molécules. Ce signal passe soit dans l'air, soit par les racines et les microscopiques filaments de champignons qui les prolongent et qui peuvent « brancher » les arbres entre eux. On appelle « mycorhizes » ces champignons associés aux racines des arbres, nous en avons déjà parlé. La communication des arbres joue un rôle essentiel dans leur réponse aux agressions qu'ils subissent. Il se produit alors une cascade de réactions chimiques. Cette cascade aboutit

1. The Conversation, 3 janvier 2023.

à la production de ce que l'on appelle des composés organiques volatils (COV). Les scientifiques savent déjà créer des conditions d'expérimentation qui démontrent la réalité de la communication chez les arbres, mais nous ne sommes qu'au début de ce que les écosystèmes peuvent nous révéler en la matière.

Tout cela ressemble à de la science-fiction, me direz-vous ? Peut-être pour le moment mais nous y revenons toujours, il y a sous nos pieds, dans la canopée de nos forêts et vraisemblablement au cœur de nos prairies, de nos champs de blé ou de maïs une vie qui est très loin de nous avoir révélé tous ses secrets. Il est nécessaire que nous puissions comprendre ces fonctionnements pour faire évoluer nos pratiques agricoles. C'est ce qu'a compris la start-up américaine Trace Genomics, dont je vous ai déjà parlé, mais permettez-moi de vous la présenter plus en détail : Trace Genomics a développé une plateforme d'analyse des sols qui utilise l'intelligence artificielle pour identifier les microbes et les mutations génétiques qui causent ou protègent contre les maladies. Trace permet d'obtenir des informations basées sur des données relatives à la santé des sols et les méthodes permettant d'améliorer la qualité des cultures, y compris le rendement et la durée de conservation. La société a été fondée par deux docteurs de Stanford, Diane Wu et Poornima Parameswaran, qui travaillent sous la direction du biologiste Andrew Fire, lauréat du prix Nobel. Diane Wu est une ancienne data scientist à Palantir et Poornima Parameswaran a effectué son postdoctorat à Berkeley en étudiant les pathogènes microbiens et a à son actif plus d'une douzaine de publications. Nous sommes là au cœur de la *deep tech* américaine.

La France n'est pas en reste dans ce domaine, les travaux conduits par Mycophyto à Sophia-Antipolis et par UV Boosting dans les serres de Station V, que nous avons déjà évoqués, sont des fleurons de la *deep tech* française. Ces start-up et bien d'autres nous permettent de rester en pointe dans ce domaine. Que dire aussi, par exemple, des possibilités que va offrir la start-up DNA

Scriptet et son système Syntax, première imprimante enzymatique d'ADN au monde. Elle permet de synthétiser jusqu'à 96 fragments d'ADN prêts à l'emploi en seulement six heures. Elle est déjà utilisée en médecine et par l'armée pour détecter les agents pathogènes. Des usages sont possibles en agriculture, pour vaincre les maladies des plantes, comme le nouveau virus de la tomate, sans parler de la grippe aviaire et bien d'autres utilisations (les NBT par exemple). Bien que son nom ne l'indique pas, DNA Script est bien française, tout comme Futura Gaïa et ses cellules de production *indoor* en forme de tambour de machine à laver. Futura Gaïa est précurseur dans l'agriculture verticale de précision en sol vivant. Ils utilisent du terreau permettant de régénérer la vie du sol dans un environnement climatique contrôlé. Futura Gaïa met à disposition du monde agricole un nouveau mode de production pour accompagner la transition vers une agriculture sans pesticides. Les futures fermes vendues par Futura Gaïa doivent permettre de proposer des végétaux aux qualités irréprochables, accessibles au plus grand nombre, en circuit court avec une garantie d'approvisionnement toute l'année... tout en limitant au maximum l'impact sur l'utilisation de ressources naturelles.

Toutes ces innovations n'iront pas au bout de leurs développements, mais toutes sont utiles à la recherche de solutions nouvelles pour permettre à notre agriculture de répondre aux besoins en nourriture, en bioproduits pour la construction, l'habillement, l'hygiène et les cosmétiques, en biocarburants pour venir compléter la palette des énergies renouvelables et bien d'autres finalités que nous n'imaginons peut-être pas encore. L'élément nouveau de ce début de XXIe siècle est la nécessité de répondre à tous ces besoins en prenant soin de notre planète et même en contribuant à la réparer. Nous allons devoir produire plus et mieux, ce n'est plus désormais l'un ou l'autre, ce sont les deux. Seuls les pays qui l'auront compris sortiront leur épingle du jeu. Il ne sert à rien de réglementer et d'interdire, seule notre capacité à innover nous permettra d'avancer. Aucune interdiction n'est capable de répondre à l'ensemble des exigences nouvelles et seule notre capacité à ouvrir les champs de liberté nécessaires à l'entreprise et à l'innovation dans un cadre socialement acceptable permettra de trouver les solutions nécessaires à un avenir meilleur !

Chapitre 7

QUAND LES FLORIANA SE METTENT AU TRAVAIL !

C'était il y a longtemps, à une époque bien lointaine, sous la Rome antique, ou bien dans la cité des Hellènes, je ne sais plus très bien. Le monde était en proie à des changements brutaux et imprévisibles, les saisons se succédaient de manière chaotique, mettant en péril les récoltes et la survie des communautés agricoles. Cérès, la déesse de l'agriculture, était désespérée. Elle cherchait une solution pour apporter de la stabilité à la terre, et pour s'assurer que sa fertilité perdure. Janus, le dieu des passages et des transitions, observait la situation avec intérêt. Il constatait que Cérès avait beaucoup de difficultés, mais il voyait aussi dans ces bouleversements cycliques une opportunité de déployer ses pouvoirs pour apporter de l'ordre à un monde en déséquilibre. Il décida de se présenter à Cérès et de lui proposer une alliance inattendue. Lors de leur rencontre, Janus expliqua son désir de mettre fin au chaos des saisons en apportant une régularité bien nécessaire. Cérès, sceptique au début, fut intriguée par cette proposition audacieuse. Les deux divinités commencèrent à travailler main dans la main. Janus utilisa son pouvoir pour canaliser le flux du temps, tandis que Cérès se consacrait à guider les récoltes. Peu à peu, l'agriculture devint plus prévisible et les saisons plus stables.

Un jour, dans le jardin luxuriant de l'Olympe où les dieux se réunissaient pour discuter des affaires du monde, Cérès apporta à Janus une corne d'abondance débordante de fruits, de légumes et de miel. Ce miel, ces fruits et ces légumes représentaient la richesse qu'avait généré leur travail en commun. Leurs regards s'étaient croisés, ils étaient fiers de ce que leur collaboration avait produit. De leurs regards, une étincelle d'amour avait jailli. Janus, le gardien des portes du temps, avait été captivé par la grâce et la bonté de Cérès, la protectrice des cultures et des récoltes. L'amitié entre Janus et Cérès se transforma lentement en un amour profond. Leur passion pour la nature et leur désir de protéger la terre les rapprochèrent. Les mortels commencèrent à reconnaître cette nouvelle harmonie entre Janus et Cérès, et ils célébrèrent leur union au travers de rituels à la gloire de ce couple de dieux... auxquels ils associaient volontiers Bacchus. Les champs et les vignes fleurissaient en abondance, la faim et les privations devinrent des souvenirs lointains.

Janus et Cérès continuèrent de travailler ensemble, Janus utilisait son pouvoir pour canaliser le flux du temps, tandis que Cérès se consacrait à guider les récoltes. Au fil des années, plus les récoltes étaient abondantes, plus l'amour de Cérès et de Janus s'accomplissait. Un jour, Cérès sentit la vie s'épanouir en elle. Le fruit de leur amour, une fille qu'ils nommèrent Proserpine, naquit dans un éclat de lumière. Proserpine était une déesse d'une beauté exceptionnelle, avec les cheveux aussi sombres qu'une terre fertile et les yeux aussi clairs que le ciel. Elle portait en elle le pouvoir des transitions et des saisons. Proserpine devint un symbole vivant de l'harmonie entre les saisons et les cycles de la nature. Son existence était la preuve que l'amour entre Janus et Cérès avait apporté la stabilité aux saisons et à la terre. Elle était chérie par tous les dieux et les mortels. Cérès et Janus se faisaient vieux, c'est elle désormais qui veillait sur la régularité des saisons et sur la fertilité de la terre.

Bien des années plus tard, alors que Proserpine avait depuis longtemps passé la main aux hommes, beaucoup de choses s'étaient dégradées, les hommes avaient perdu la foi dans les dieux ! Janus revint voir Cérès pour lui demander si elle était prête à se remettre au travail. Janus expliqua son désir de mettre fin au chaos climatique en apportant une régularité bien nécessaire aux saisons. Cérès, qui était préoccupée par les défis que posait le changement climatique à l'agriculture et à la sécurité alimentaire mondiale, accepta de collaborer à nouveau avec lui. Ils reprirent les chantiers qu'ils avaient laissés aux hommes et la flamme de leur amour qui s'était assoupie avec le temps se réveilla en eux. Une nouvelle Proserpine naquit de leurs retrouvailles, ils l'appelèrent *Floriana*. Ils lui donnèrent ce nom car il évoque la floraison, la beauté de la nature et la fertilité. La petite grandit en incarnant une harmonie retrouvée entre la terre et les besoins des hommes. Elle portait en elle le pouvoir de donner à manger aux hommes tout en préservant la terre. Elle était chérie par tous les mortels, car elle veillait sur la régularité des saisons, apportant ainsi la stabilité climatique et la fertilité aux terres. Les saisons devinrent plus prévisibles, les récoltes furent plus fiables, et les catastrophes naturelles devinrent moins fréquentes.

Chaque jour, dès que le soleil se lève, dans les monts et les vaux de nos montagnes, dans les champs de nos plaines, dans les laboratoires de nos universités et dans les modestes bureaux de nos start-up, des *Floriana* travaillent à de nouveaux modèles d'agriculture, inventent de nouvelles organisations, de nouveaux moyens de commercer pour que la corne d'abondance puisse se remplir sans mettre à mal la fontaine dont elle a jailli. Ils vont puiser leur énergie dans le soleil et le vent, abandonnant progressivement l'énergie que Pluton, le sombre dieu des enfers, avait trop longtemps laissé jaillir de son ventre pour mieux les attirer vers ses entrailles. Ils inventent chaque jour de nouvelles productions, de nouveaux métiers, de nouvelles collaborations. C'est leur histoire que je vais maintenant vous raconter.

DE NOUVEAUX CONCEPTS D'AGRICULTURES MÉRITENT D'ÊTRE REGARDÉS

Nous sommes le 5 décembre 2018, il fait un froid de canard dans les rues vides de la banlieue de Chicago. Un panneau au bord de la rue indique « *Road 66 begin* », un blizzard glacial balaie des rouleaux d'herbe sèche sur le macadam. L'atmosphère est tellement lugubre qu'on s'attend à voir surgir au coin d'une barre d'immeubles crasseux la Grand Torino de Starsky toutes sirènes hurlantes. Guère plus d'une demi-heure auparavant, nous étions au pied des tours de verre qui se mirent dans les eaux du lac Michigan. Cette ville est celle de tous les contrastes où l'opulence laisse place à la pauvreté en quelques minutes. Nous étions venus ici en mission d'étude de l'agriculture urbaine. Nous nous attendions à voir du high-tech à peine abordable et nous allions y découvrir un modèle d'agriculture dont la simple ambition est de répondre à un besoin. Le besoin ici c'était d'abord celui de travailler dans des quartiers immenses qui portaient encore les stigmates de la crise des *subprimes*[1] dix ans après. La désespérance de certaines populations était palpable. Ici, pas ou peu d'accompagnements institutionnels, on se débrouille ! Ce sont des fondations privées qui se saisissent des questions d'alimentation, d'éducation, de réinsertion. Elles mobilisent les publics défavorisés et investissent dans des programmes de formation et d'installation d'entreprises sociales et solidaires.

Il y a peu de production de légumes dans l'Illinois, beaucoup sont importés de Californie à des milliers de kilomètres. Alors la production locale s'étudie, et si les *subprimes* ont jeté toute une population dans la précarité, ils ont également rendu le prix du foncier abordable. À partir de là, c'est l'intelligence collective qui

1. *Subprimes* : prêt hypothécaire à haut risque, consenti pour une acquisition immobilière (souvent, le logement de l'emprunteur) à des personnes dont les ressources financières sont très faibles : crise des *subprimes*.

se met en œuvre. De la réhabilitation de friches au réaménagement d'espaces urbains désaffectés, les initiatives sont multiples. La désaffection de certains quartiers permet d'accéder à du foncier pas cher dans des zones déstructurées, de mobiliser l'appui financier des fondations, et de vendre l'idée d'une entreprise citoyenne. Nous avons visité un ancien abattoir transformé en complexe de réinsertion avec ses jardins extérieurs et ses salles de découpe réaménagées pour cultiver des microplants sous lumière artificielle. Nous y avons goûté des produits issus de leur production, transformés dans leurs ateliers et destinés aux restaurants « haut de gamme » de la ville. Nous avons pu constater que la réussite économique est réelle. Nous étions partis pour étudier des techniques de pointe, nous les avons trouvées au cœur d'espaces de réinsertion d'une ville qui se recompose. Les acteurs sont issus du monde du commerce, de la finance, du social ou des fondations. Ils savent capter les tendances, explorer les marchés, attirer la clientèle potentielle, puis mettre en production et créer des emplois : « *Job is back !* »

Quelques semaines plus tard, je vais vivre en banlieue parisienne une autre expérience pas si éloignée de celle-ci. Je suis invité par l'IRD[1] et le Campus de l'innovation pour la planète à participer à la Nuit des Idées organisée par l'Institut français. L'exercice ne s'est pas résumé à une série de palabres pour intellectuels noctambules, j'ai d'abord travaillé toute une journée avec des lycéens sur des concepts d'agriculture urbaine pour préparer ce que nous allions ou plutôt ce qu'ils allaient présenter le soir à un parterre de responsables et d'élus. L'objectif était de les faire travailler sur l'aménagement de friches urbaines sur le plateau de Romainville. Aucun des lycéens n'était issu du milieu agricole, mais tous avaient envie de construire des espaces de vie alliant production alimentaire, proximité et lien social. Toute la journée, j'ai travaillé avec des enseignants et des lycéens de banlieue que je ne connaissais pas. Les idées ont fusé, se sont structurées, ont débouché sur des

1. IRD : Institut de recherche pour le développement.

propositions. Des jardins partagés aux forêts comestibles[1], en passant par les serres de production et les ateliers de transformation, on notait une volonté constante d'associer production, lien social et culturel, mais aussi partage et lutte contre le gaspillage; la prise de conscience était réelle. Quelques morceaux choisis: « Il faut que nous fassions quelque chose pour les SDF de la ville… des abris? Oui, mais s'ils travaillent dans les jardins, ce sera mieux, ils auront un emploi », ou encore: « On fait une forêt comestible? Que ferons-nous des fruits? Ils seront pour ceux qui s'occuperont de la forêt! Avec le rab, on fera des confitures pour l'hiver », mais un peu de rêve aussi: « Il faut mettre un piano dans le jardin pour que les gens viennent y jouer, nous ferons des instruments de musique avec des végétaux, il faut qu'il y ait de la joie dans nos jardins… » Réponse à un besoin, adaptation au contexte, équilibre économique, mobilisation par le travail; les jeunes, fiers de contribuer à la construction de quelque chose, ont travaillé avec un sens pratique qui bien souvent m'a surpris.

C'est ainsi que se développent de nouveaux modèles agricoles à partir de concepts à la fois très novateurs et très anciens, où la spécialisation laisse la place à la coopération. Coopération entre les plantes, entre les plantes et les arbres, entre le règne végétal et le règne animal. On parle de permaculture, d'agroforesterie, d'AMAP où le producteur et le consommateur coopèrent. La permaculture, à l'instar des forêts comestibles, est un mode de culture durable qui s'inspire des écosystèmes naturels pour créer un système agricole autosuffisant et résilient, en utilisant des principes d'écologie et des savoirs traditionnels. Elle vise à reproduire un écosystème naturel dans sa durabilité, sa stabilité, sa résilience et sa diversité, en utilisant des techniques telles que la biodiversité,

1. Les forêts comestibles sont des espaces de culture résilients et à faible intervention humaine basées sur le modèle d'une forêt naturelle où les arbres, les arbustes et les plantes comestibles sont cultivés de manière à créer un écosystème durable et autosuffisant pour l'alimentation humaine.

les associations de culture, la couverture permanente du sol, la production en circuit fermé, l'utilisation optimale de l'eau, et un travail du sol limité. La permaculture est un système presque autonome, pérenne, où le jardinier laisse faire la nature au lieu d'aller contre elle, et met à profit les interactions naturelles plutôt que de corriger en permanence un système rendu artificiel. Ne nous leurrons pas si ces concepts paraissent séduisants sur le papier, ils sont très compliqués à mettre en œuvre et demandent à la fois de grandes compétences et du temps pour donner pleinement satisfaction. Trois fermes font autorité en matière de permaculture : le Bec-Hellouin en France, la Four Seasons Farm aux États-Unis et la Ferme des Quatre-Temps au Canada. Solution d'avenir pour les uns, piège à gogos en mal de nature pour les autres, je ne sais personnellement quoi penser de ces trois fermes. Toutes les trois sont des centres de formation internationaux et toutes les trois affichent complet. Est-ce la vente de leurs productions ou celle des formations qui les fait vivre ? Je ne sais pas ! Le travail essentiellement manuel est-il d'abord réalisé par les stagiaires qui paient pour y venir ? Certains le disent, mais ce serait trop hâtif de résumer leur réussite à des clichés lapidaires. Je ne suis jamais allé dans aucune de ces fermes, je ne peux me permettre de juger. C'est dans un autre contexte que j'ai pu constater que le concept fonctionne, en Guadeloupe, notamment sur l'exploitation de Christophe Latchman qui exploite neuf hectares, dont six en forêt sur l'île de Basse-Terre. Dans le contexte tropical, son exploitation est rentable.

D'autres modèles adaptés à l'agriculture urbaine existent, c'est le cas des Nouvelles Fermes qui développent à partir du sud-ouest de la France un réseau de fermes en aquaponie[1]. Ils se définissent

1. L'aquaponie est une méthode de production agricole durable qui combine l'aquaculture (élevage de poissons) et l'hydroponie (culture hors-sol des plantes) pour créer un écosystème autosuffisant où les poissons produisent des déjections qui sont transformées en nutriments pour les plantes, qui à leur tour filtrent l'eau pour les poissons.

ainsi : Les Nouvelles Fermes conçoit, bâtit et gère le premier réseau de fermes d'aquaponie en France. Méthode culturale ancestrale, l'aquaponie permet de produire fruits et légumes de saison, ainsi que de la truite arc-en-ciel sans chimie de synthèses, sans éclairage artificiel ni chauffage. Créée en 2020 par cinq cofondateurs, ils se définissent ainsi : « nous avons construit une première ferme de 1 000 m² à Bordeaux, ferme grâce à laquelle nous avons pu accumuler plusieurs années de savoir. Cette connaissance nous a amenés à faire émerger en 2022 une ferme de 5 000 m² au sein même de la métropole bordelaise pour produire en circuit court salade, tomate, truite et aromate, vendus en circuit court et récoltés du jour. Nous ambitionnons de positionner l'aquaponie en France et en Europe comme l'une des solutions économes en eau et en énergie pour l'agriculture de demain. »

Près de chez moi, en Vendée, le Potager extraordinaire, en ce qui le concerne, « cultive le "curieux et le bizarre". Alors que les légumes et les plantes semblent faire partie d'un quotidien ordinaire, le Potager extraordinaire vient renverser nos certitudes : nous avons encore tout à découvrir du monde qui nous entoure ! L'approche pédagogique du Potager extraordinaire se fonde sur l'expérimentation et l'émotion, sans jamais "donner de leçon". Les visiteurs se réapproprient leur environnement et le patrimoine potager en vivant une expérience directe et ludique avec la nature. Le Potager est un lieu vivant, ancré dans les enjeux de son temps. En préservant et cultivant des espèces menacées, en les faisant découvrir de manière ludique aux jeunes générations, le potager participe à la construction d'un avenir positif ». L'approche ici n'est pas de vivre prioritairement de la production, mais de montrer ce qu'il est possible de faire.

Ces nouveaux concepts d'agricultures méritent d'être regardés de près, sans passion ni dogmatismes. Sont-ils « la solution » ? L'avenir le dira mais, dans tous les cas, ils font partie de la solution dans un panel beaucoup plus large sachant associer des concepts éprouvés et d'autres plus novateurs. C'est par la volonté des hommes et dans leur capacité à mobiliser l'intelligence collective que se trouvera la solution. Si l'impact environnemental devient de plus en plus prégnant en agriculture, pour assurer la pérennité des fermes, il ne faudra jamais perdre de vue la capacité à vivre de la production et la pénibilité du travail. Sans quoi, il sera inévitable que même les projets les plus enthousiasmants au départ ne fassent pas long feu !

REFONDER LE MUTUALISME À PARTIR DES NOUVELLES TECHNOLOGIES

Vivre du fruit de son travail n'est pas une spécificité agricole, mais coopérer pour y parvenir est peut-être plus prégnant ici qu'ailleurs ! Même s'il existe d'autres hypothèses étymologiques du mot « fruitière », celle qui voit dans le mot « fruitière » le lieu où l'on apporte le fruit de son travail me convient assez bien. Elle porte en elle-même une des spécificités de notre agriculture, tout au moins en France : la coopération et le mutualisme. S'il existe un dénominateur commun à la plupart des modèles d'agriculture au-delà des dogmes et des postures, c'est celui de coopération. Il existe bien des formes de coopération de la « fruitière » du village en Franche-Comté, aux géants parfois contestés de l'approvisionnement et de la transformation agricole. L'oublier ou s'en désaligner conduit bien souvent à l'échec. Prenons quelques exemples : les fermes capitalistiques telles que la ferme des « 1 000 vaches »[1] ont du mal à se faire accepter tant par la société que par les agriculteurs eux-mêmes, alors que des groupements agricoles d'exploitation en commun (GAEC) regroupant plusieurs agriculteurs pour travailler en commun jouissent d'une acceptation sociétale au moins sur le

1. Ferme des « 1 000 vaches » : modèle de ferme qui a défrayé la chronique au début des années 2010.

plan local, même si l'atelier est de grande dimension. En Israël, les kibboutzim[1] ont forgé la création même de l'État. Les « grandes » coopératives agricoles sont quant à elles parfois contestées. Si elles le sont, c'est moins à cause de leur développement que par la perception d'un désalignement (réel ou perçu) avec leurs valeurs d'origine. Sans refaire l'histoire, nous pouvons dire que l'agriculture moderne en France est intimement liée à la coopération et au mutualisme depuis la conception républicaine de l'agriculture et Gambetta, et surtout depuis la mise en place des grandes réformes d'Edgard Pisani votées à cette époque. Les lois d'orientation agricole du début des années 1960 vont considérablement moderniser l'agriculture française et vont hisser notre pays parmi les premières puissances agricoles au monde.

Notre agriculture est avant tout fondée sur des valeurs de coopération et de mutualisme. Saurons-nous les faire perdurer au-delà de la révolution que nous sommes en train de vivre ? Le mutualisme et la coopération portent en leur sein les éléments de la postmodernité qui devraient caractériser le monde qui vient, si nous savons les associer aux opportunités offertes par les nouvelles technologies.

Pour illustrer ces propos, je ne peux que reprendre ici ce que me disait mon amie sociologue Émilie Coutant il y a quelques années : « La réflexion que tu portes sur le mutualisme contemporain est très juste : le mutualisme tel qu'on l'a connu est porteur de ces valeurs dites "modernes" ancrées dans une volonté de productivité, de progression verticale, d'aspiration vers le haut, dans cette conception toute pyramidale d'une société de marchés. Or la volonté de sortir de cette gouvernance capitalistique des sociétés, ce désir de changement et de bascule vers des valeurs postmodernes observées au travers de la résurgence de valeurs traditionnelles qui se combinent fort bien au récent développement technologique,

1. Kibboutz : modèle de ferme collective en Israël.

numérique, digital, montre que le mutualisme peut "regagner ses lettres de noblesse" en puisant sa force de valeurs archaïques.

Ancré sur un territoire partagé, dans un environnement, un écosystème, une "expérience" commune, le mutualisme contemporain doit se comprendre comme un enracinement dynamique : le mutualisme n'a pas construit un système de solidarités abstrait et déconnecté de la réalité communautaire ; au contraire, il en a épousé les contours et les formes. Et son implantation sur ses territoires et l'importance donnée à l'expression locale, à la définition de ses propres fins par les sociétaires impliqués dans ce territoire, sont donc à la fois la discipline et l'atout de son fonctionnement dans notre société contemporaine.

Cette valeur de l'enracinement dynamique, dans un "territoire", est centrale aujourd'hui : l'imaginaire du territoire est renouvelé avec l'avènement d'Internet et des NTIC[1]. Le territoire du Web est un espace, en plus, favorable à l'expression de la relation sociale ; il apporte une chaleur humaine que les grands espaces de la modernité avaient diluée. D'où la correspondance qui existe entre le sentiment d'appartenance communautaire sur la Toile et la conviction mutualiste telle qu'elle a existé jusqu'ici. Le lieu fait lien, le lien fait lieu. Le territoire n'est pas qu'une notion géographique, il existe des territoires sans lieu. La confiance et le devoir de protection s'inscrivent dans ce rapport de chacun au territoire et le mutualisme se doit de développer les outils l'exprimant.

Cette notion de confiance, qui repose sur un pacte (affection, émotion), sur un partage (d'expériences, d'émotions, de territoires), et non plus sur un contrat, est le point nodal sur lequel le mutualisme doit ancrer ses aspirations : la relation durable est génétiquement inscrite dans le pacte coopératif.

---

1. NTIC : Nouvelles technologies de l'information et de la communication.

Enfin, c'est dans le changement du rapport au temps que le mutualisme peut puiser ses aspirations : à la conquête du présent ! Dans la modernité, la mise en place de la planification, dans l'entreprise comme dans les États, l'idéologie du projet qui vise à inscrire toute initiative dans une logique de finalisme au détriment du pragmatisme nécessaire au jour le jour, bref le mécanisme de projection est essentiellement un mécanisme de déréalisation. Or, la gestion de l'aléa, des situations complexes, des interactions inattendues, ne nécessite non pas tant une attitude projective qu'une capacité à piloter le présent. Un présent durable, pourrait-on dire, chargé de passé et d'avenir. Forme d'instant éternel qui n'est plus un report de jouissance sur l'avenir au mépris du temps présent, ni complètement dépendant des schémas du passé (ce qui serait une tradition communautaire), mais quelque chose qui s'inscrit à la fois dans l'instant et dans le temps long, structurel, celui qui est nécessaire pour construire ensemble un destin commun. Les questions sont posées : quelles formes de mutualisme et de coopération pour demain ? Quelles sont les aspirations des jeunes générations à coopérer et mutualiser ?

Serons-nous capables de profiter des nouvelles technologies pour refonder les valeurs qui ont construit notre agriculture ou allons-nous nous contenter de les utiliser pour prolonger les dérives d'une société malade de ses excès ? Nous serions bien avisés de travailler ces questions plutôt que de vouloir jeter le bébé avec l'eau du bain. Ce n'est pas la science et la technologie qui sont potentiellement perverses ou nocives, mais l'usage que nous en faisons. Refonder notre agriculture sur les valeurs du mutualisme et de la coopération qui l'ont construite grâce aux nouvelles technologies sera plus efficace que de rejeter celles-ci. Beaucoup de start-up travaillent en tenant compte de ces valeurs, mais deux questions fondamentales doivent être posées : celle de leur financement et celle du partage de la valeur. Le financement des start-up qui travaillent dans les filières agricoles n'est pas souvent en phase avec les valeurs qui ont construit l'agriculture. Les fonds d'investissement qui les courtisent sont souvent plus animés par le profit immédiat que par les valeurs de coopération et de mutualisme. Le partage de la valeur n'est pas leur première préoccupation. Des fonds agricoles existent tels que Unigrain ou Sofiprotéol, et ils sont souvent assimilés à des fonds capitalistiques lambda, ce qu'ils ne sont pas, bien qu'ils ne fassent pas grand-chose pour l'éviter. Unigrain et Sofiprotéol sont nés de la volonté des agriculteurs de mutualiser des ressources pour développer les filières d'où elles sont issues (filières céréalières et oléoprotéagineuses). Ce sont plus des exemples d'économie sociale et solidaire réussis que la caricature capitaliste facile qu'on leur prête pour mieux les discréditer. Il y a un travail à conduire à ce sujet, nous devons « dépoussiérer » l'image de ces fonds, leur redonner une raison d'être et en inventer d'autres. Nous ne pouvons laisser le mutualisme et la coopération aux officines politiques et à certaines ONG radicales.

Parmi les start-up et associations de start-up qui travaillent de nouvelles formes d'organisation, trois expériences ont retenu mon attention : le CoFarming Tour, Votremachine.com et les nouvelles sociétés foncières Eloi et Feve. CoFarming est une association de start-up qui a pour ambition de porter la voix d'un esprit collaboratif au sein du monde agricole en s'appuyant sur les bénéfices du numérique. Chaque année, ils partent à la rencontre des fermes qui innovent et qui sont le fleuron de l'agriculture de demain, des fermes qui sont inspirantes pour les jeunes générations. Ils définissent leurs choix de la manière suivante : « Des fermes qui sont belles par le devoir nourricier et environnemental qu'elles remplissent et le bien-être de leurs acteurs. Diversification, transitions, installation, sont les principaux thèmes de ces rencontres du CoFarming Tour. » Le CoFarming Tour s'inscrit vraiment dans cette volonté de réinventer le mutualisme et la coopération à partir des valeurs. Votremachine.com est une plateforme de location de matériel agricole créée en 2015 par un agriculteur des Landes, Jean-Michel Delmotte. Ce site collaboratif a pour but de mettre en relation un agriculteur propriétaire du matériel avec un autre agriculteur, une Cuma (Coopérative d'utilisation de matériel en commun), une collectivité, une entreprise de travaux agricoles, de travaux publics ou un particulier. L'objectif est de baisser les coûts de mécanisation et de rendre les exploitations plus compétitives. La plateforme garantit à la fois la sécurité du matériel, la sécurité du paiement et la gestion administrative. Une sorte de BlaBlaCar paysan fondé sur les valeurs qui ont construit notre agriculture. Eloi et Feve en ce qui les concerne veulent réinventer l'acquisition et la mise à disposition des terres aux agriculteurs. La gestion du foncier est un point capital dans la réussite d'une ferme. Son acquisition demande souvent une mobilisation financière importante et des procédures compliquées. C'est sur ces deux créneaux que se positionnent les deux start-up en accompagnant les agriculteurs dans le portage de leur foncier, dans le respect des valeurs portées à la fois par les start-up, les agriculteurs et les apporteurs de capitaux. Bel exemple de collaboration entre agriculteurs et non-agriculteurs qui porte le mutualisme au-delà des frontières de l'agriculture.

RÉINVENTER LE COMMERCE

Si la gestion du foncier est capitale pour permettre une agriculture prospère, la commercialisation des produits l'est tout autant. Trois éléments sont essentiels quand on parle de commerce de denrée alimentaire : la logistique, la mise en relation entre les acheteurs et les vendeurs et les moyens de paiement. C'est simple et évident me direz-vous ? Oui, quand les routes mettent les centres-villes à une heure de camion de chez n'importe quel agriculteur, que des terminaux de paiement sont disponibles à chaque coin de rue et que les cathédrales de consommation permettent aux consommateurs de trouver le brin de poireau du producteur local à portée de caddie. Quand les transports manquent, que la chaîne du froid n'est que fiction et qu'il n'existe aucune transparence sur les prix, c'est autre chose. Alors, le *leapfrogging*[1] que permet le numérique peut donner des résultats surprenants. C'est ce qu'a tenté Awa Caba, jeune entrepreneuse sénégalaise, en créant Soreetul. Soreetul est une plateforme de commercialisation de produits agricoles transformés par des coopératives de femmes au Sénégal. J'ai rencontré Awa pour la première fois au Kenya en 2016 à l'occasion d'un concours de start-up. Je l'ai revue à maintes reprises entre 2016 et 2020, elle m'a même invité chez elle à Dakar où j'ai rencontré les femmes qui transforment le jus d'hibiscus en sirop ou le fruit du karité en crème hydratante. Un jour, Awa a voulu m'amener à Thiès, petite ville dynamique non loin de Dakar, c'est là que sont une partie des productrices auprès de qui elle s'approvisionne. Il faut deux heures de voiture pour parcourir les soixante-dix kilomètres qui séparent Dakar de Thiès. C'est encore plus compliqué quand il s'agit de s'approvisionner dans la riche Casamance de l'autre côté de la baie de Dakar. Par contre, faire entrer de la marchandise dans le port de Dakar en provenance de Saint-Nazaire ou du Havre est à la fois simple, fiable et compétitif. Malgré les contraintes liées aux difficultés logistiques locales, Soreetul est prospère grâce au savoir-faire des coopératives qui transforment les produits agricoles, mais aussi grâce aux compétences d'Awa Caba qui sait tirer le meilleur des technologies qui sont à sa disposition. C'est encore une fois l'utilisation qui est faite de la technologie et non la technologie elle-même qui est responsable des distorsions qu'elles génèrent.

Les 3C – *container, computer, credit card* –, ont révolutionné le commerce mondial depuis cinquante ans. Les conteneurs capables de passer d'un camion à un bateau ou à un train ont révolutionné le transport de marchandises. L'informatique permet à la fois de vendre et d'acheter, d'assurer la traçabilité des produits, de simplifier les formalités administratives et d'assurer le suivi des marchandises. Le paiement électronique a dématérialisé la plus

1. *Leapfrogging*: innovations radicales permettant à de nouvelles entreprises de dépasser l'entreprise ancienne et dominante.

grande partie des paiements, simplifiant et sécurisant les transactions. C'est grâce à aux nouvelles technologies qu'Awa Caba et Soreetul ont pu construire une plateforme commerciale permettant de mettre en relation les coopératives de transformation des productions agricoles par les femmes au Sénégal et les consommateurs du pays, ce qui a créé une nouvelle dynamique commerciale dans leur pays. C'est une véritable avancée sociale et économique pour l'agriculture vivrière au Sénégal, même s'il reste beaucoup à faire en matière de chaîne logistique. Le développement des villes dans les pays émergents nécessite d'assurer au même rythme la création d'infrastructures adéquates pour assurer l'approvisionnement alimentaire si nous voulons qu'il puisse se relocaliser. C'est très facile à dire et à écrire, c'est beaucoup plus dur à réaliser surtout quand le développement de ces infrastructures dépend de l'aide internationale. Les pays qui viennent en aide ne sont pas forcément des philanthropes, et l'idée de l'écoulement de leurs propres marchandises et de leurs excédents n'est jamais loin. Soreetul n'est qu'un exemple, mais ce genre d'initiative est capable de donner de la valeur ajoutée dans les campagnes de n'importe quel pays. C'est aussi par cette volonté que nous pourrons limiter les exodes vers des villes et la perte d'identité de populations entières. Dans ce cas, l'utilisation de la technologie peut avoir une portée bien supérieure à la simplification des pratiques commerciales. C'est en mettant en place les éléments favorables à la relocalisation de l'approvisionnement que la production locale pourra se développer et non en imaginant des directives conduisant à interdire l'exportation de denrées alimentaires de nos campagnes au prétexte qu'elles viennent concurrencer la production locale. Ce ne sont pas les 3C (*container, computer, credit card*) qui sont responsables des distorsions mais l'utilisation qui en est faite.

En France, un réalignement est nécessaire pour redonner du sens à des pratiques commerciales à bout de souffle. De l'approvisionnement des fermes à la distribution aux consommateurs, depuis les années 1970, la stratégie est la même et le système repose sur deux piliers : réduire les prix des produits pour les rendre abordables et concentrer leur distribution pour en faciliter l'accès. C'est toute une stratégie fondée sur l'optimisation des moyens qui a été pensée : la logistique pour permettre l'approvisionnement en flux tendu, la négociation sur les prix poussée aux limites de l'acceptable, l'organisation des magasins par la massification. L'incitation à la consommation a permis de faire fonctionner le modèle en jouant sur le désir de posséder pour consommer : publicités de plus en plus agressives, obsolescence programmée et vente à prix coûtant des produits de première nécessité. Les technologies nouvelles en matière de numérique, de transport ou de paiement se sont mises au service de cette logique sans imaginer qu'elles pouvaient offrir de meilleurs services en disruptant le système. La rupture technologique quand elle n'est pas motivée par un impératif incontournable n'a pas souvent bonne presse. La tentation de freiner les ardeurs par des règlements ou des pressions de toute sorte est alors grande et l'incrémentation technologique des pratiques existantes est inévitable. Utilisées ainsi, les technologies ne font qu'amplifier des travers de stratégies conduisant plus facilement à consommer plus qu'à consommer mieux, c'est le début du désalignement.

La question est de savoir si nous sommes en situation de pouvoir réformer le système pour le rendre plus vertueux ou de sortir de ce carcan pour envisager d'autres modèles sociaux et économiques. Les signaux faibles d'une prise de conscience sont déjà présents et de nouveaux circuits de distribution et même de transformation commencent à émerger. Faire concorder le pouvoir d'achat et les envies du plus grand nombre ne sera pas chose facile, mais certains s'y emploient déjà. Nous pouvons faire des marques un véritable passeport du produit, rémunérer convenablement et valoriser les producteurs, c'est ce que fait la marque Juste avec le concours de Connecting Food. Juste est une marque mise en place par des producteurs pour mieux valoriser leurs produits, la promesse contenue dans le produit en matière de mode de production est authentifiée par la blockchain et à disposition des consommateurs. Transformer ses produits à la ferme grâce à des investissements limités est aussi désormais envisageable avec Fermalab. Entre *high-tech* et *low-tech*, Fermalab développe et fabrique des ateliers de transformation agro-industriels dans des conteneurs maritimes, destinés aux exploitants agricoles pour apporter de la valeur ajoutée à leur production. Socléo Promus ou Lisy viendront ensuite accompagner la commercialisation des produits transformés et tout comme pour la marque Juste, le consommateur peut aisément avoir accès aux différentes étapes de fabrication du produit grâce aux services apportés par l'une ou l'autre de ces start-up dans la communication qui est faite sur le produit. L'idée n'est pas ici de dresser un inventaire à la Prévert, mais de montrer que de plus en plus de solutions se posent en rupture avec l'ordre établi.

De la chaîne d'approvisionnement des exploitations agricoles à la commercialisation, des solutions capables de revoir totalement le système existent. La notion de plateforme est venue rebattre les cartes des schémas traditionnels d'approvisionnement et de vente. Repenser l'approvisionnement en pensant plateforme pour répondre aux besoins des agriculteurs, c'est ce que fait Agriconomie. Grâce notamment à l'intelligence artificielle, Agriconomie est en mesure de simplifier et d'optimiser la chaîne de distribution. Leur développement en quelques années seulement témoigne de l'intérêt des agriculteurs pour leurs offres de services et ils ne comptent pas s'arrêter là. Pour Paolin Pascot, un de ses cofondateurs, les objectifs sont clairs : « Nous visons l'accompagnement de 30 à 40 % des agriculteurs en Europe. C'est cette volonté de créer le maximum de valeur au bénéfice des agriculteurs qui nous anime. Et si nous pouvons les orienter vers des pratiques agricoles durables, c'est encore mieux. » Satisfaire son client est l'objectif de tout commerçant me direz-vous ? Oui bien sûr, mais ici, transparence des prix, agilité et optimisation de la chaîne logistique sont pensées directement grâce aux technologies. La technologie ne vient pas en appui des procédures établies, elle permet de les construire à partir des besoins du client. Le souci de l'autonomie de décision de l'agriculteur prend alors tout son sens. L'autonomie de décision des agriculteurs, c'est aussi ce qui anime Piloter sa ferme, la start-up chère à Roland Zimmerman, agriculteur et startupeur. Piloter sa ferme conçoit des outils de pilotage personnalisés, destinés aux agriculteurs pour les aider à gérer le risque prix, risque n° 1 sur leur entreprise.

Le nombre de jeunes pousses qui ont envie de trouver des solutions pour accompagner la transition agricole est impressionnant. Toutes ne réussiront pas mais toutes, de Dakar aux plaines de Champagne ou au bocage vendéen, sont animées par la même soif d'entreprendre. Même si les obsédés de la décroissance (qui ne s'y sont guère essayés) crient haro sur le solutionnisme technologique[1], c'est par l'innovation et l'esprit d'entreprendre et non par la contrainte et le dogmatisme que viendront les solutions.

DE L'AGRICULTURE VIVRIÈRE À L'AGRICULTURE HYBRIDE

Nous ne devons jamais oublier que nous avons toujours tendance à juger le passé avec le prisme du présent. Nous savons toujours trouver des explications à ce que nous constatons. Cependant, elles sont souvent aussi confortables intellectuellement que décalées des réalités d'une époque, parfois pas si lointaine, qui a construit les réalités d'aujourd'hui. C'est le cas par exemple de la cuisine locale, l'histoire qui l'accompagne a rarement de lien avec la réalité de l'époque qui a vu naître ce qui devient ensuite des traditions. Les exemples ne manquent pas !

---

1. Solutionnisme technologique : l'idée selon laquelle l'innovation technologique serait capable de résoudre les crises sociales ou écologiques est née avec la révolution industrielle.

L'histoire que je veux vous raconter maintenant tient du même registre mais dans un tout autre domaine. Mon père est né en 1929, dans une famille de quinze enfants. Il n'alla que peu à l'école, mais à 12 ans il savait couper le bois et bêcher le jardin. Il savait qu'il fallait couper les pousses de châtaigners qui feront les manches pour les fourches et les faux par vieille lune[1], pour que le bois repousse mieux. Il savait aussi qu'on ne sème pas au jardin avant les saints de glace. Il savait aussi que l'hiver, les manches de la hache et de la cognée sont froids et qu'il faut taper fort pour se réchauffer. Il connaissait la nécessité de tailler les haies pour qu'elles ne viennent pas envahir les champs et celle d'arracher les épines égarées au milieu du pré. À la ferme, on cultivait de tout, on élevait quelques vaches pour le lait et la viande, il y avait une basse-cour pour nourrir la famille et apporter au propriétaire la part qui lui était due. Si l'on travaillait bien et que la nature se faisait généreuse, les surplus permettaient d'apporter un peu de confort à la famille. On ne parlait pas de pauvreté, il y avait plus démuni que soi. La pauvreté, on la voyait chez les journaliers qui n'avaient pas de métairies. Ils venaient sur les fermes donner un coup de main les jours de grands travaux. Mais ici on ne se plaignait pas. Se plaindre, c'eût été passer pour un fainéant, et si le dos faisait trop mal, on partait faire autre chose comme les fils de journaliers qui avaient échappé à la misère de leurs parents en partant à l'usine ou sur les chemins de fer en quête d'un bonheur qu'ils ne trouvaient pas forcément. Un jour sont arrivés les premiers tracteurs, les tronçonneuses et les machines à traire. Ils n'y ont vu que des outils libérateurs d'une fatigue qui se faisait de plus en plus lourde. La rationalité est entrée dans les campagnes, spécialisant les productions, regroupant les parcelles en supprimant les haies. La belle aubaine, ils n'avaient plus à s'échiner dans le froid et la pluie l'hiver durant pour entretenir des buissons qui ne leur apportaient rien d'autre que la ruine de leur santé. Quand les bulldozers sont venus finir le travail, c'est avec délectation qu'ils les ont accueillis,

1. La vieille lune est la lune descendante après la pleine lune.

c'était une forme d'émancipation d'une nature qui ne leur apportait rien d'autre que des inutilités et de la fatigue. C'était tout au moins ainsi qu'ils la percevaient.

Nous pouvons toujours aujourd'hui évoquer l'appât du gain et la manipulation de la main invisible de l'agro-industrie, mais c'est le désir de libération qui, avant tout, a motivé la recomposition de nos campagnes. Si elle a conduit au désalignement que nous connaissons aujourd'hui, c'est bien souvent pour satisfaire les exigences de ceux qui vilipendent l'agriculture qui les nourrit. Seuls (ou presque) ceux qui ont encore la mémoire familiale de cette époque pas si lointaine sont capables de comprendre pourquoi les choses se sont passées ainsi. C'est peut-être la raison principale de l'incompréhension qui s'est installée entre la mémoire des campagnes et l'imaginaire citadin. Devons-nous rester prisonniers de cette incompréhension ? Bien sûr que non ! Nous devons assumer collectivement les désalignements et passer à autre chose. La bonne nouvelle, c'est que les choses sont déjà enclenchées sans que nous nous en rendions vraiment compte. L'agriculture est devenue hybride, capable de réparer les excès qu'a généré la libération des campagnes et de saisir de nouvelles opportunités. Ces opportunités apparaissent en cohérence avec les besoins du moment : la production d'énergie, la valorisation de la captation du carbone, de nouvelles productions ici et ailleurs font leur entrée dans des paysages en recomposition.

La bioéconomie prend progressivement le pas sur l'économie de l'extraction. La bioéconomie est une approche nouvelle pour des solutions durables, elle regroupe l'ensemble des activités économiques fondées sur les bioressources et les éléments naturels, c'est-à-dire les matières organiques terrestres ou marines, végétales ou animales que le soleil et le vent viennent compléter. C'est une économie basée sur du carbone renouvelable, de la production à la transformation jusqu'à la valorisation des coproduits et des « déchets », tout en visant la sécurité et la souveraineté alimentaire. Elle crée les conditions du passage d'une économie fondée sur les ressources fossiles à une économie fondée sur la biomasse. Elle permet d'utiliser au maximum une énergie abondante, renouvelable et gratuite : l'énergie solaire activée au travers de panneaux photovoltaïques naturels ou posés sur nos toits et nos cultures. La bioéconomie quant à elle englobe l'ensemble des activités de production et de transformation de la biomasse forestière, agricole et aquacole à des fins de production alimentaire, d'alimentation animale, de production de matériaux biosourcés, d'énergie. Elle représente des opportunités pour nos exploitations agricoles et forestières, elle permet d'augmenter la compétitivité de nos industries tout en apportant des solutions durables aux défis environnementaux et sociétaux auxquels nous sommes aujourd'hui confrontés. La bioéconomie s'inscrit dans le cadre plus large de l'économie verte, c'est-à-dire une économie respectueuse de l'environnement et qui utilise de façon plus efficace les ressources naturelles. Pour réussir, l'agriculture doit en être à la fois le moteur et la principale source d'approvisionnement en bioressources dans lesquelles la fourniture de l'alimentation des hommes est intégrée.

La production d'électricité permettant de tendre vers une autonomie énergétique à la ferme, et même de vendre de l'énergie, est une chose qui se généralise dans nos campagnes. Les fournisseurs de panneaux photovoltaïques ont le vent en poupe et nous voyons même désormais des ombrières sur les vignes et les vergers. Ils permettent à la fois de protéger les cultures des rayonnements excessifs du soleil et de les capter pour produire du courant. C'est ce que proposent par exemple des start-up telles qu'Ombrea ou Sun'agri qui développent des solutions de contrôle climatique. Si elles ne résolvent pas vraiment le problème du changement climatique, elles tentent tout au moins d'en atténuer les effets en offrant un revenu complémentaire aux agriculteurs, ce qui n'est pas dénué de sens. La méthanisation est également une nouvelle source de production d'énergie et de revenu pour les agriculteurs. L'utilisation de ce qui a longtemps été considéré comme des déchets pour produire du gaz méthane se développe également dans les fermes. Le temps du cycle infernal : « extraire, consommer, jeter » est derrière nous. Les fumiers, lisiers et autres fermentescibles[1] en tout genre représentent une matière première de valeur pour la production de gaz. Si la technique n'est pas nouvelle, elle retrouve un regain d'intérêt dans un contexte d'approvisionnement énergétique de plus en plus compliqué. Une partie de la biomasse jusqu'ici négligée peut ainsi trouver une utilité. La grande nouveauté de ce début de XXIe siècle est peut-être dans la valorisation de la capacité de la biomasse à capter le surplus de carbone généré par les activités humaines. Même si nous devons d'abord veiller à la limitation des émissions de carbone, il restera toujours une part plus ou moins importante d'émissions que nous ne pourrons pas éviter. La compensation de ces émissions ouvre un marché dont l'agriculture peut se saisir. Elle peut le faire par la modification de ses pratiques, notamment par la régénération des sols, mais également par le développement de nouvelles cultures à forte capacité de captation carbonique.

Une initiative toute nouvelle à ce sujet a attiré mon attention, c'est le projet carbone bleu[2] porté par l'association éponyme et l'université de La Rochelle. Si elle n'est pas vraiment agricole, ou tout au moins telle que nous imaginons l'agriculture, elle n'en est pas pour autant dénuée d'intérêt et de sens. Les écosystèmes côtiers (mangroves, herbiers, prés salés) présentent des conditions (salinité, productivité, etc.) qui favorisent la séquestration de carbone en leur sein. L'Agence française de développement (AFD) considère les projets « carbone bleu » comme des projets de biodiversité à haute valeur sociale et climatique. L'AFD soutient par exemple un projet de renforcement des capacités du gouvernement du Sénégal pour la gestion des aires marines

1. Fermentescible : substance qui peut entrer en fermentation.
2. Carbone bleu est une initiative qui vise à utiliser la valeur d'atténuation du changement climatique des écosystèmes marins et côtiers pour soutenir leur conservation, leur utilisation durable et leur restauration.

protégées dans les zones de mangrove de la Casamance et du Sine Saloum, qui s'appuie sur l'expérience des communautés locales. En Indonésie, c'est la mise en œuvre de la stratégie Carbone bleu du gouvernement qui est soutenue. Au Mozambique, des activités de restauration et de gestion durable des mangroves du delta du Zambèze sont menées en lien avec Biofund et le WWF. Les mangroves sont les espaces naturels parmi les plus menacés au monde. Imaginer un complément de revenu grâce au carbone pour les agriculteurs qui y maintiennent des productions de riz et de sel et qui contribuent largement à leur sauvegarde est une idée qui doit faire son chemin !

L'AVENIR EST EN NOUS !

Nous avons commencé ce récit en imaginant Janus, le dieu des passages et des débuts, accompagné de Cérès la divinité de l'agriculture, de la fertilité et des moissons, pour trouver les moyens de venir au secours des mortels de plus en plus nombreux mais incapables de se nourrir sans saccager la planète qu'ils leur avaient confiée. Ils ont beaucoup travaillé avec leurs deux filles Proserpine et Floriana. Proserpine avait trop fait confiance aux hommes et s'était épuisée en voyant comment ils ne respectaient rien, parfois jusqu'à se croire supérieurs aux dieux. Floriana s'y prit différemment, elle tenait beaucoup de Janus, son père, qui lui donnait la faculté de rompre avec le passé. C'est ainsi qu'elle proposa aux hommes d'utiliser les innovations nées de leur génie plutôt comme un début que dans le prolongement d'un passé qui avait conduit à la situation dans laquelle ils se trouvaient. Un jour, Floriana rencontra d'autres dieux et eut l'idée de les associer à ses travaux. Elle demanda à Neptune comment elle pouvait l'aider. Neptune qui gouverne les mers et les océans lui dit : « Je souffre beaucoup de la pollution et de la surpêche. Les créatures marines sont en danger. Nous devons protéger les mers et les océans et rétablir l'équilibre. » Floriana qui avait toujours le souci des hommes demanda à son père Janus d'aider Neptune à gérer le flux des eaux pour que les hommes puissent aussi trouver des réponses à leurs problèmes dans les océans. Neptune accepta l'aide de Janus à condition que les hommes arrêtent de faire n'importe quoi. N'ayant plus vraiment le choix, les hommes commencèrent à se calmer dans leur folie destructrice et Janus accepta de se mettre au travail. Il commença par rétablir la régulation des marées et des courants marins, permettant ainsi de revenir à une ouverture et une fermeture harmonieuse des portes de l'océan. Neptune put ainsi maintenir un équilibre entre les eaux et à nouveau prévenir les tempêtes dévastatrices. Le monde silencieux des profondeurs retrouva lui aussi progressivement son équilibre. Floriana vit ainsi s'ouvrir de nouvelles perspectives venues des mers, des océans et des espaces qui les relient à la terre. Elle continua cependant à accompagner Cérès, sa mère, pour redonner à la terre toute la fertilité capable de générer des moissons abondantes. Les hommes avaient fini par comprendre qu'il leur fallait changer de comportement pour que les dieux puissent leur venir en aide !

La leçon que nous devons tirer de cette fable sortie tout droit des délires de ma plume parfois vagabonde est qu'il existe encore bien des solutions capables à la fois de nourrir les hommes et de réparer la planète. Les conditions pour réussir sont essentiellement en nous. Elles résident dans notre capacité à utiliser ce que le génie des hommes est capable d'inventer de nouveau pour construire l'avenir sans systématiquement s'appuyer sur le passé. Cela s'appelle une vision d'avenir. Elle n'est pas toujours porteuse parce qu'elle n'emporte pas l'adhésion de la majorité trop souvent engoncée dans un confort dont elle a du mal à se sortir. Le retour à la terre de populations urbaines en mal de nature en témoigne : elle s'arrête souvent à la couverture numérique du lopin de terre qu'ils transformeront en jardin d'Éden pour redonner « du sens à leur vie ». Projet de vie égocentrique s'il en est où le selfie que l'on peut partager avec le monde entier devient un accomplissement de soi. À quoi ça sert de faire si on ne peut le faire savoir ? Bien souvent, comme pour amplifier la chose, l'idée s'étend au désir de faire communauté, alors la frénésie devient collective, la terre se soulève, la rupture se doit d'imposer le retour aux instincts grégaires. La réponse ne peut être que dans la *low-tech*, dans le retour à des pratiques qui existaient avant la mécanisation et l'ère industrielle sans se soucier d'autres considérations. Quand ce nouvel univers devient incertain, que la faim gagne et que les libertés sont contraintes, la question de la productivité revient vite et la communauté cherche un plan B. Ce n'est donc pas dans la boîte à souvenirs et dans la nostalgie d'idéaux du passé que se trouvent les solutions. Si l'ère industrielle qui a érigé la consommation en religion n'a pas apporté que des satisfactions, la collapsologie ne peut faire office de solution.

L'autre option qui consiste à croire que les technologies permettront de tout résoudre n'est guère plus satisfaisante. Bien qu'il ne faille jamais dire jamais, arracher les betteraves avec un robot mettra le prix du sucre hors de portée de la majorité des portefeuilles et ne résoudra pas la question de l'énergie. Si nous voulons obtenir le meilleur de la technologie, nous devons repenser la manière de l'utiliser. Les conseillers numériques, la télémédecine vétérinaire et les clôtures virtuelles[1] seront les réalités de demain si nous repensons l'organisation en profondeur. Rien ne doit être exclu qui réponde à notre double besoin de liberté et de nous nourrir tout en réparant la planète. Demain, nous fabriquerons moins les territoires, nous allons réapprendre à les réinventer. Ce postulat a vocation à nous réconcilier avec notre environnement et à recréer de nouveaux liens sociaux. Nous allons passer de l'utilisation de ressources consommables à la mise en œuvre de ressources renouvelables. Il en va des grands équilibres territoriaux et même de l'avenir de la planète. C'est ensemble que nous serons capables

1. Les clôtures virtuelles sont des espaces reliés à des systèmes satellites et délimités sur une application smartphone associée à des colliers portés par les animaux. À l'approche de la délimitation, l'animal reçoit un signalement qui le dissuade l'aller au-delà.

de donner corps à ces nouvelles empreintes territoriales. Depuis que les activités humaines ont une incidence significative sur l'écosystème terrestre, les hommes ont façonné les territoires au gré de leurs besoins. Agriculture et urbanisme en sont les deux grands protagonistes et j'y ajouterai volontiers l'industrie créatrice de richesse pour nos territoires. C'est ensemble qu'ils ont façonné les territoires en s'organisant pour faire société commune. Nous sommes invités à une reconstruction « dialoguante ». C'est un nouveau pacte qui est à construire, il devra conduire à une agriculture nourricière, écologiquement saine et productive sur des territoires qui ont déjà commencé à se réinventer.

De nouvelles coopérations sont possibles. Des pans entiers de notre agriculture parfois mis à mal par la logique qui les construit demandent à être réinventés. L'élevage de ruminants est un élément incontournable du maintien des prairies qui contribuent largement à la construction de nouveaux équilibres territoriaux. Ils demandent une capitalisation importante de moins en moins supportable par les jeunes éleveurs en phase d'installation. Le recours à des levées de fonds pour attirer de nouveaux capitaux vers l'agriculture doit être envisagé. De nouveaux partenariats sont à créer, ils associeront prise de participation et dons défiscalisables ; mise à disposition de capitaux contre fourniture de paniers premium ; compensation des émissions carboniques contre création de puits de carbone. Il ne s'agit pas de fournir des colis de viande ou de produits laitiers en dividendes de capitalisation ou de compensation carbone gratuite, mais d'inventer une réorganisation des rapports à l'échelle d'un territoire.

Cette réorganisation ne doit pas se contenter de rendre possible la transformation des systèmes existants, elle doit nous permettre d'en inventer d'autres, de les rendre accessibles au plus grand nombre. Pour que la permaculture sorte du tabou, nous devons l'arracher au dogmatisme. La permaculture ne doit plus être associée à l'idée de décroissance, elle en est tout le contraire. Nous devons travailler à en faire un concept duplicable. La complexité des systèmes permacoles nécessite qu'ils soient abordés avant tout avec rationalité pour transformer l'utopie en réalité. Une modélisation très fine grâce aux technologies de l'information sera primordiale à la réussite.

Alors le champ du possible ne s'arrêtera pas à la terre, les espaces marins nous offrent bien plus de possibilités. L'idée de permaculture marine commence à faire son chemin. La permaculture marine est une approche écosystémique des espaces marins. Comme sur terre, elle consiste à imiter la nature dans sa globalité afin de reconstruire des écosystèmes entiers puissants et résistants aux perturbations. L'intérêt est qu'avec les 70 % qu'occupent les mers et les océans sur la planète, le terrain de jeu est bien plus important. La concentration de plus en plus importante des populations sur les espaces littoraux mérite qu'on s'y intéresse.

L'idée portée par Carbone bleu est intéressante à cet égard, car l'eau essentielle à la vie n'y est plus un problème. Serons-nous demain nourris par des fermes marines ? Je ne sais pas, mais la question mérite d'être étudiée. Penser que de nouveaux explorateurs trouveront dans les espaces maritimes et côtiers des solutions à l'alimentation du futur n'est pas plus ridicule que l'idée d'introduire les pommes de terre dans notre alimentation au XVIIIe siècle. Il a fallu une révolution pour rendre l'affaire acceptable, ce serait de bon ton que l'acceptation des algues et des insectes soit admise en faisant couler moins de sang. Si les successions de famines étaient le générateur des privations de nourriture et quelque part de liberté lors des siècles passés, ne laissons pas les cataclysmes à répétition, causés par le changement climatique, devenir les vecteurs de nouvelles barbaries.

Troisième partie

MAKE AGRICULTURE GREAT FOREVER

Je vois dans l'agriculture une des clés de notre avenir, c'est la raison pour laquelle j'ai voulu intituler cette troisième partie : « *Make agriculture great again* » en clin d'œil au slogan « *Make America great again* » scandé par un ancien président américain au verbe haut. J'ai trouvé que ce n'était finalement qu'un regard dans le rétroviseur de l'histoire. *Great again* se réfère à un passé que l'on voudrait définitivement avoir été meilleur, et c'est tout le contraire de ce qu'il faut pour construire l'avenir. Je laisse l'ancien président des États-Unis à sa nostalgie et je prends le parti de remplacer *again* (à nouveau) par *forever* (pour toujours). Me méfiant des anglicismes, j'ai passé « *Make agriculture great forever* » dans le traducteur Google pour voir si la formule faisait sens et il m'a proposé ceci : « Faire de l'agriculture une grande source de vie. » La réponse n'est peut-être pas tout à fait exacte mais qu'importe, elle me va bien : quel meilleur destin pouvons-nous rêver pour l'agriculture ?

Faire de l'agriculture une grande source de vie est la clé de cette histoire sans faim d'un monde encore à bâtir. Jamais jusqu'à maintenant l'homme n'a véritablement réussi à nourrir convenablement l'ensemble de ses semblables. Si depuis plus d'un siècle nous arrivons à produire suffisamment de nourriture pour satisfaire les besoins nouveaux d'une population grandissante, il reste toujours entre 700 et 900 millions de personnes en sous-nutrition. C'est évidemment intolérable et doit faire l'objet de toutes nos attentions. Le manque de production n'est pas la cause de ce malheur, il se perd entre un quart et un tiers de la nourriture que nous produisons. La limitation de ces pertes peut, à elle seule, apporter largement de quoi nourrir ceux qui ont faim. Les problèmes de la sous-nutrition, c'est aussi ailleurs qu'il faut aller en chercher les causes : les conflits entre les peuples en sont souvent la raison. Parfois entretenus en faisant de la famine une arme, ils sont les vecteurs de désastres humanitaires. Ce problème mériterait l'écriture d'un livre à part entière, bien que la réponse ne soit pas dans les livres mais dans les actes. Sans vouloir esquiver la question, l'objet de cet essai est ailleurs, il n'a comme ambition que de proposer quelques pistes pour y parvenir. L'histoire sans faim que nous proposons d'écrire s'inscrit dans notre capacité à faire durablement de notre agriculture une grande source de vie.

Qu'est-ce qu'une source ? C'est d'abord une histoire d'eau ! Sortie d'on ne sait où, c'est de la source que l'eau jaillit de terre. Nous ne savons pas toujours d'où elle vient. Elle ne révèle pas facilement ses origines. Elle garde jalousement les mystères qui l'accompagnent. Elle peut être la révélation d'une rivière souterraine se frayant un passage parmi les failles de roches que des secousses de la terre ont éclatées, et soudain elle décide de s'offrir la liberté des grands espaces à ciel ouvert. Elle est parfois le fruit de la métamorphose de la pierre formant une cavité que l'eau s'est empressée de combler, puis cette cavité s'est remplie par tous les pores de la terre et un jour elle finit par déborder. Quelques fois, elle s'étale dans la plaine, dégueuloir d'une nappe phréatique qui n'en peut plus d'avaler la pluie de l'hiver. Une source n'est cependant pas une fin, c'est un point d'origine, c'est là où tout commence. Si vous allez vers elle en mollissant le creux de la main, elle vous offre son eau ; en y mettant les deux mains, vous pourrez y puiser suffisamment d'eau pour vous rafraîchir les jours de grand soleil. C'est de la source que l'avenir se révèle, se construit et finit par éclore. Quand l'eau de la source vous a rafraîchi, elle vous permet d'avancer, elle est alors source de vie, d'une nouvelle vie qui vous amènera un peu plus loin, jusqu'à une autre source où vous irez puiser d'autres inspirations, d'autres ressources.

Sources et ressources sont l'essence de la vie : c'est de la source que nous puisons les ressources qui permettent la vie. Que ces ressources soient d'eau ou d'autres choses, nous ne pouvons nous contenter de les puiser, il nous faut penser à les renouveler. L'agriculture sait les rendre renouvelables, un agriculteur est un façonneur de vie. De l'eau de la fontaine et de quelques graines posées en terre il est capable de faire jaillir de quoi nous nourrir, nous mouvoir, nous vêtir et nous loger. Par son savoir, un agriculteur est un concepteur de nourriture et de liberté, et finalement de vie. S'il doit être économe des ressources qu'il emprunte à la terre pour réaliser son œuvre, des autres ressources, celles qui se multiplient chaque fois que nous les partageons, il ne doit point être avare. Elles s'appellent connaissance, information, éducation. La connaissance est le reflet de ce que nous savons, elle est infinie mais tel un miroir brisé, elle est éclatée, chacun de nous n'en possède qu'un morceau. La diversité de nos expériences, de nos cultures et de nos enseignements forme la multitude des morceaux capables de réaliser le puzzle qui saura révéler ce qui fait de notre planète un astre singulier : celui qui permet la vie.

Ce n'est qu'ensemble que nous pouvons espérer obtenir une image plus claire et plus complète de la réalité qui nous entoure. La connaissance est un voyage sans fin, une quête perpétuelle pour rassembler plus de morceaux de ce miroir brisé. C'est par la quête de savoirs, d'information et d'éducation que nous saurons le reconstruire. La soif d'apprendre pour réussir nous invite à nous ouvrir pour nous rapprocher de la vérité. Nous ouvrir pour recevoir et aussi pour donner. Chacun possède une part de la solution qu'il faut accepter d'entendre et de partager. L'agriculture sera l'avenir de l'homme si nous convenons d'en faire l'affaire de tous, au cœur d'un monde en mouvement. Si l'agriculture est une grande source de vie pour l'humanité, elle ne le sera que par une implication collective. « *Make agriculture great forever* » sera une œuvre collective ou ne sera pas. Nous sommes tous concernés !

Chapitre 8
L'AGRICULTURE EST L'AFFAIRE DE TOUS

Vaux et Chantegrue, deux villages regroupés pour faire une commune de six cents âmes près de Mouthe, dans le département du Doubs, région Franche-Comté, aux confins de la France et de la Suisse. La contrée la plus froide de France, où la première activité est de traire des vaches pour fabriquer du fromage, et où les épicéas disputent le paysage à quelques pâtures. Je suis arrivé ici un vendredi soir, c'était en octobre 2012 à l'occasion du comice. J'étais avec Christine, mon épouse, et quelques amis. Dès notre arrivée, pour nous mettre dans l'ambiance, nous sommes allés dîner à La Remise, chez Jean-Paul. Quand on ouvre la porte, on voit au mur quelques affiches qui plantent le décor : « Ici point de carte bleue, vous avez un distributeur à la banque, vous pouvez y retirer tout l'argent que vous voulez, par contre, nous acceptons les chèques », ou encore : « Ici les boissons sans alcool sont moins chères que les autres, toutefois, Jean-Paul est disponible pour vous raccompagner à votre domicile », et en guise de menu cette affiche : « Les tables sont éclairées par une lampe à pétrole et on vous sert de la fondue au fromage de Franche-Comté et des charcuteries du pays. » Les choses sont dites, mais la chaleur de l'accueil est proportionnelle au froid qui règne à l'extérieur. La Remise est pleine de monde jusqu'à point d'heure, mais vers une heure du matin Jean-Paul vous invite à partir, il veut aller dormir.

Le lendemain matin, je suis monté vers Vaux dans le brouillard. En arrivant dans le village, c'était autre chose ; chaque maison était décorée aux couleurs de la montbéliarde. Les vaches rouge et blanc sont partout, chaque pavillon a sa déco, chaque arbre sur la pelouse de chaque maison est décoré. Des milliers de fleurs en papier sont posées partout : sur le pont au milieu du bourg, sur les murs de l'école, de la salle des fêtes. Il n'y a point d'édifice public qui n'ait sa déco ! Le parcours pour conduire jusqu'au comice est fléché par des vaches en bois au sourire malicieux. Posées sur le derrière, elles vous indiquent de la patte où aller. Chaque fleur de papier est une histoire, chaque bout de bois découpé et peint est unique, chaque maison fleurie et décorée est la fierté de ses propriétaires, c'est sa contribution à la fête. Le comice est un hymne à l'élevage, porté par tout un village. Le dernier avait eu lieu ici, en 1992, et le prochain ne reviendra pas avant vingt ans.

Dans la nuit, juste avant que le soleil ne se lève, les ballets des tracteurs et des gyrophares ont emmené les vaches de chaque ferme du canton vers la prairie sur les hauts de Vaux. Elles arrivent de partout, pas moins de sept cent cinquante bêtes ont été inscrites pour participer aux concours. Des perches de sapin ont été disposées pour les attacher, tout le village s'y est mis, il est prêt pour les accueillir. Pas moins de cent cinquante bénévoles s'affairent depuis des mois. Ce samedi matin, c'est tout le village de six cents âmes qui est debout bien avant l'aurore. Les enfants de l'école, avec leur institutrice, seront là aussi plus tard, pour aider. Les grands-pères, les grands-mères, les paysans ou non, ceux qui ont connu le comice de 1992 et peut-être même celui d'avant, préparent le café et la saucisse de Morteau pour le petit déjeuner des éleveurs... quand les vaches seront en place. 10 h 30, le soleil perce le brouillard, les visiteurs arrivent de partout, il y en aura plus de cinq mille dans la journée, la fête peut commencer.

La journée sera pour moi une succession d'émotions. Il y a eu l'émerveillement du matin quand, comme un enfant, j'ai découvert le décor, apprécié le travail de tous et de chacun. Il y a eu les montbéliardes, chacune est unique, toutes ont été préparées avec soin, lavées, le poil tondu, pour les mettre en valeur. Elles sont toutes plus belles les unes que les autres. Il y a eu les amis retrouvés à chaque pas, ceux du Salon de l'agriculture à Paris, ceux qui sont passés depuis trente ans à la Pitardière, au gré d'une semaine de vacances, sur les bords de l'océan. Il y a eu Félix, le grand-père, à qui j'ai raconté mes premiers pas en terre franc-comtoise, le 1er juillet 1980. Le souvenir d'amis communs, des origines des vaches qui ont fait la Pitardière, des troupeaux où je suis allé les acheter.

Il y aura surtout cette ambiance, dans laquelle toute une population fusionne. Cette communauté du Haut-Doubs à vingt kilomètres de la Suisse compte vingt mille habitants. Beaucoup d'entre eux, chaque matin, traversent la frontière pour aller travailler, tandis que d'autres ont leur emploi à Besançon ou Pontarlier dans une usine ou un bureau. Leur vie est ailleurs pourrait-on dire, et pourtant quelque chose d'impalpable les lie à la vie de la terre qui habite encore les monts et les vaux du Jura. C'est cette communion qui fait l'âme de ce pays où la rudesse du climat invite à la solidarité dans la fête comme dans les épreuves.

Elle paraîtra à certains surannée, loin de l'image qu'ils se font de nos campagnes et de notre métier. Après s'être des décennies durant désintéressés de l'agriculture, nos compatriotes tentent de se la réapproprier. Nous devrions nous en réjouir et pourtant nombre d'agriculteurs ne se retrouvent pas dans ce nouvel imaginaire agricole. Une série de fantasmes plus ou moins justifiés s'installent : l'agriculture est considérée comme productrice d'excédents et source de pollutions injustifiées. Les Français ont de moins en moins de rapport avec les agriculteurs et le plus souvent ne les connaissent qu'au travers des médias, des écoles, du cinéma. De fil en aiguille, l'opinion se forge et l'image que l'on se fait de l'agriculture est de plus en plus décalée des réalités.

À la fin des années 1990, une série de scandales alimentaires et un certain rejet de la science ont accéléré la rupture du lien entre l'agriculture et la société. Pour Eddy Fougier[1] : « On peut considérer qu'un lien s'est rompu entre l'agriculture et la société à partir de 1996, au moment de la crise de la vache folle et de la controverse sur les OGM qui ont créé dans le public un doute fondamental sur l'alimentation. Mais c'est depuis le début des années 2010 que le lien s'est plus distendu, avec une mutation de la critique de l'agriculture conventionnelle vers la critique des pesticides et la remise en cause de l'élevage pour des raisons environnementales, sanitaires et de respect du bien-être animal. Pour une partie de la société, ce n'est plus seulement la peur de la disparition des abeilles qui inquiète, c'est la peur d'avoir un cancer à cause de l'alimentation. »

Un certain nombre d'ONG et de partis politiques environnementalistes ont saisi cette opportunité pour marteler un discours à la fois anxiogène et partisan, tout en rêvant, pour quelques-uns, d'un grand soir où l'agriculture représenterait l'archétype d'une société nouvelle.

À ce jeu, un discours maintes fois martelé finit par devenir une réalité dans l'opinion collective. Un discours savamment dosé par des journalistes militants, des groupuscules plus ou moins puissants maîtrisant à merveille l'art de la manipulation, et des politiques avides de virginité environnementale bon marché ont fait naître un récit déformé qui peu à peu s'est installé dans l'opinion. C'est à partir de là que les clivages se sont exacerbés entre une agriculture que l'on vilipende et une autre que l'on exhorte. Le discours devient réducteur entre des agriculteurs qui empoisonnent et des paysans qui nourrissent. Nul besoin de préciser qu'à ce stade les positions deviennent tendues.

1. Eddy Fougier, *Malaise à la ferme*, enquête sur l'agribashing aux éditions Marie.

Nous devons passer à autre chose, passer à une nouvelle ère de consommation : la consomm'action. Les comices du Haut-Doubs nous y invitent, ils sont des créateurs de lien, mais le lien ne suffira pas. Nous devons aller plus loin, il est nécessaire que chacun se responsabilise, qu'un grand décloisonnement se fasse et que finalement nous réinventions de nouveaux territoires comme Émilie Coutant nous y invite[1].

RESPONSABILISER LE CONSOMMATEUR

Durant la période où j'ai siégé au Conseil national du numérique (CNNum), peu avant la trêve de Noël en 2018, je reçois ce message sur ma boîte e-mail : « Je suis étudiante à Sciences Po Paris sur le campus de Reims et membre de l'association Sciences Po Innovate qui a pour but de sensibiliser les étudiants du campus aux nouvelles technologies, à l'innovation et à l'entrepreneuriat. Pour cela, on organise plusieurs événements comme des workshops, conférences, controverses ou start-up week-ends. Je me permets de vous contacter pour organiser un événement centré sur vos actions, votre rôle au sein du CNNum qui semble intéresser beaucoup d'étudiants curieux et passionnés par les sciences sociales en tout genre. En effet, en tant qu'étudiants à Sciences Po, dont le but est d'apprendre à se saisir des enjeux du monde contemporain, il nous semble fondamental de comprendre les questions et perspectives relatives au numérique qui impactent de plus en plus l'ensemble de notre société et au rôle qu'il commence à jouer dans l'évolution de notre agriculture et de notre alimentation.

C'est la raison pour laquelle nous serions ravis et honorés de vous accueillir sur notre campus de Reims à l'occasion de la semaine de l'innovation à Sciences Po Paris du 11 au 17 février

1. Voir page page 160.

prochain. Quels jours lors de cette semaine vous conviendraient le plus pour intervenir ? » J'accepte bien évidemment l'invitation et me retrouve quelques semaines plus tard dans un amphi devant une centaine d'étudiantes et d'étudiants sur le campus de Reims.

Nous avions convenu d'une petite demi-heure de présentation puis d'un échange avec les étudiants. Ils viennent d'un peu partout, de France bien sûr, mais aussi d'autres pays, européens et africains pour la plupart. Les prises de position contradictoires fusent (c'est normal pour une controverse), les questions également. Entre positions environnementalistes et anthropocentriques, les avis divergent. Les premiers affichent une volonté de conservation de la nature envers et contre tout pendant que les autres acceptent les transformations inéluctables et leurs effets. Les avis sont pour le moins partagés et comme souvent, la vérité, ou tout au moins celle qui est acceptable, est entre les deux. Tous s'accordent cependant sur le fait que nous vivons une période charnière, que la modernité, telle que nous l'avons connue, touche à sa fin. Quelque chose de radicalement différent se met en place. Un monde nourri de valeurs nouvelles apparaît. En matière d'agriculture, ils ont leurs idées mais admettent que les réalités, les nécessités et les contraintes de la production agricole leur sont pour la plupart étrangères. Au fil du débat, ils réalisent que les visions qu'ils ont de l'agriculture sont souvent simplistes et que le manichéisme peut être dévastateur.

En matière d'alimentation, leurs attentes sont plus tranchées. Ils ont leur avis et se sentent impliqués. Que veulent-ils ? Ils veulent tout d'abord trouver instantanément autour d'eux les produits alimentaires qui correspondent à tous leurs critères de sécurité sanitaire, de plaisir, de santé, à leurs valeurs et envies du moment. Ils veulent adapter sans effort leur alimentation quotidienne à leur métabolisme et à leurs activités physiques et mentales. Ils aiment partager avec leurs amis la fiche d'un délicieux produit qu'ils ont découvert, et les endroits où l'on peut le trouver. Voir les producteurs fiers, récompensés de leurs efforts et ainsi motivés à produire mieux pour leur santé et la planète semble devenir une préoccupation nouvelle de ces néoconsommateurs. L'impact écologique et sociétal des denrées alimentaires, le trajet, la distance parcourue par les aliments deviennent une préoccupation pour beaucoup ainsi que la maîtrise de la masse des déchets qu'ils génèrent.

Ces préoccupations ne sont pas dénuées de sens, c'est même la base d'une prise de conscience et les agriculteurs doivent les entendre. Dire que ces préoccupations ne se traduisent encore que très peu dans les faits de consommation ne fait pas office de réponse même si c'est une réalité. Une confrontation dialoguante doit se mettre en place : confrontation pour s'enrichir mutuellement et ouverte pour faire se rapprocher des positions qui tendent au contraire à s'éloigner. Le « monde agricole » doit s'emparer du débat pour ne pas le subir. Ce n'est jamais facile d'aller se confronter à des idées qui nous semblent opposées, la critique est plus aisée. Les agriculteurs n'ont pas à faire tout le chemin pour répondre à ce qu'ils considèrent comme des injonctions des consommateurs transformés en citoyens pour l'occasion. S'ils ne veulent pas se marginaliser encore plus qu'ils ne le sont, les agriculteurs doivent accepter le débat, ne serait-ce que pour avancer leurs arguments. Comment peut s'organiser ce débat, et est-il obligatoire qu'il soit organisé pour avoir lieu ?

La première question que nous devons nous poser n'est-elle pas celle de nos modes de consommation ? Dans une société qui vante les mérites de « l'avoir », où posséder quelque chose est le plus souvent nécessaire pour en jouir, tout a été organisé pour permettre au plus grand nombre d'acheter et espérer ainsi accéder au bien-être, démocratisant l'idée que l'on « est » si l'on « a ». Les circuits de distribution sont donc des éléments clés de la « société marchande », et tant que la célèbre formule de Descartes « Je pense donc je suis » laissera la place à « Je possède donc je suis », le consumérisme fera autorité et les systèmes de distribution de masse auront de beaux jours devant eux.

L'alimentation est en quelque sorte otage d'un modèle de distribution aussi machiavélique que pernicieux. Réinventer la consommation n'est pas chose aisée. Pour Philippe Goetzmann, conseiller d'entreprise dans la distribution : « Réinventer la consommation est une tâche collective d'une ampleur inédite et d'une responsabilité sociétale majeure tant cela touche le cadre de vie de millions de consommateurs, de centaines de milliers de salariés, l'écologie du territoire, et la compétitivité de l'économie française. C'est une organisation sédimentée en cinquante ans, aujourd'hui à bout de souffle, qu'il faut transformer rapidement. » Les leaderships de demain se construiront dans la réconciliation : les leaders seront les médiateurs, mais leur crédibilité résidera dans la réconciliation qu'ils auront ou non provoquée.

Nous devons faire des marques un véritable passeport du produit relié à un producteur et qui va permettre à ce dernier de se nourrir. C'est une des raisons essentielles pour lesquelles le producteur est de plus en plus adepte de circuits courts qui sont, lorsque c'est réalisable, la meilleure façon de répondre à sa demande. Il nous faut aller plus loin et quand la proximité n'est pas possible, offrir au consommateur par les marques, cette « humanité » qu'il recherche au travers de sa nourriture. Les marques doivent redevenir le passeport permettant ce lien entre les acteurs en identifiant au plus près les valeurs que porte le produit, et elles n'auront jamais autant de sens que si elles sont portées par les producteurs et les consommateurs.

Nous avons vu émerger depuis quelques années des marques portées ainsi par des consommateurs et des producteurs. C'est le cas de C'est qui le patron, à l'initiative d'un chef d'entreprise, Nicolas Chabanne, qui vise à impliquer le consommateur dans la conception du produit. C'est également ce qui a été fait sur différents territoires : en Auvergne avec Mon Lait, en Vendée avec Juste et Vendéen, nées l'une et l'autre de la volonté et de l'engagement de producteurs à se regrouper autour d'une marque pour proposer aux consommateurs des produits de qualité, tracés et à des prix rémunérateurs. Pour C'est qui le patron, le consommateur est impliqué dans la constitution du prix du produit pour qu'il soit capable de rémunérer le producteur tout en étant acceptable par celui qui l'achète. Dans le cas de Mon Lait et de Juste et Vendéen, l'idée est de mieux impliquer le producteur dans l'élaboration du prix final et de l'expliquer au consommateur en toute transparence. La différence entre les deux concepts est que pour C'est qui le patron, le prix est appliqué sur la quantité vendue et dans le cas des deux autres marques, la plus-value est mutualisée à l'ensemble des producteurs engagés dans la démarche. Il y a du bon à prendre dans les deux concepts.

La capacité à inventer d'autres récits, à faire appel à l'intelligence collective du pays ou du territoire sera décisive pour permettre une consommation et une production responsables et vertueuses. Entre producteurs, industriels, distributeurs et consommateurs, l'écoute sera fondamentale pour voir émerger des modèles vertueux.

ENCLENCHER LE GRAND DÉCLOISONNEMENT

Au beau milieu de l'été 2015, j'ai été invité à intervenir aux universités d'été de la Maif, la Mutuelle assurance des instituteurs de France. Ils avaient réuni, quatre jours durant, huit cents de leurs bénévoles dans un bel hôtel à Maspalomas sur l'île de Grande Canarie. Leurs travaux portaient sur les opportunités que peut offrir le numérique dans le développement de l'économie collaborative. J'étais le seul agriculteur, je venais d'écrire mon premier livre, *Agronumericus, Internet est dans le pré*, c'était ma première conférence. Nous étions une quarantaine de conférenciers et spécialistes en tout genre appelés à intervenir dans une succession de séances plénières et d'ateliers de travail. À chaque repas, nous changions de table pour échanger avec de nouveaux participants et, si nous y avons passé de longues heures au bord de la piscine, c'était souvent à phosphorer. Tout était organisé pour que travail et détente puissent s'accorder sans même que nous ne nous en rendions compte. Il y avait parmi les intervenants le philosophe Michel Serres, le paléoanthropologue Pascal Pic, mon ami Gilles Babinet, Arthur de Grave et Diana Filippova, tous deux fondateurs de Ouishare[1], la sociologue Émilie Coutant dont je vous ai déjà parlé, la pédiatre urgentiste Cécile Monteil… et bien d'autres dont le choix ne devait rien au hasard. Mais autant vous dire qu'un agriculteur dans un tel aréopage faisait figure de curiosité. Congressistes, intervenants, responsables de la mutuelle, tous semblaient curieux de la vision du paysan autodidacte, responsable agricole à la FNSEA, les *a priori* ne militaient pas en ma faveur. Cette curiosité était-elle une simple politesse ou allait-elle plus loin ? Voulaient-ils chercher à comprendre ? À connaître un monde qui leur était étranger ? Je me posais sincèrement la question mais feignais d'y voir une envie de savoir, de connaître cette activité étrange qui remplit leurs assiettes. Depuis, nous nous sommes pour la plupart souvent revus, certains sont venus à la Pitardière. Y voir un soir la romancière Diana Filippova en cotte, à traire les vaches et à donner le biberon aux veaux tenait bien plus que du symbole, elle voulait comprendre ! C'est finalement dans cette envie de comprendre pour se faire une opinion que je trouve la réponse à l'intérêt qu'ils portaient à nos échanges de Maspalomas. C'est bien plus tard que j'ai compris que si le courant était passé entre nous, ce

1. Ouishare est un réseau international qui promeut la collaboration, l'ouverture, l'attention, l'esprit d'initiative et l'expérimentation permanente.

n'était pas parce que nous avions beaucoup parlé, mais parce que nous nous étions beaucoup écoutés.

L'importance du rapport à l'autre et la nécessité de décloisonner les secteurs d'activité ne sont pas nouvelles. Le monde agricole l'a-t-il oublié ? Je ne sais pas ! Une chose est sûre, le besoin de recréer du lien est prégnant. Il est nécessaire de créer les conditions d'un dialogue capable de rassurer en posant les bases d'un avenir durable, viable et vivable pour notre agriculture et avant tout pour nos agriculteurs. La question est devenue politique et le sujet a été « militarisé » par l'extrême gauche qui y voit l'opportunité de tordre le cou au capitalisme en tentant d'imposer un modèle agricole décroissant sur fond de ZAD et par une extrême droite, en apparence plus habile, qui tente sans véritable succès de s'attirer les voix des campagnes, mais qui réussit à entretenir un climat d'affrontement qui discrédite l'agriculture et les agriculteurs. Pour couronner le tout, et n'oublier personne, le reste de l'échiquier politique est le plus souvent l'otage d'une machine administrative qu'ils ont progressivement mais sûrement mise en place et dont la capacité à broyer les initiatives n'a d'égale que sa capacité à générer des procédures parmi lesquelles leurs propres initiateurs finissent par se perdre.

Alors, ne nous reste-t-il plus que l'impuissance ? Bien sûr que non ! Une des chances de notre pays est que derrière l'écume des choses qu'il sait entretenir à merveille, des initiatives se prennent. Loin des grands plans et des stratégies fumeuses, les pierres qui finiront par paver le chemin qui conduit vers l'avenir se posent. Dans ces initiatives, le militantisme packagé de dogmatisme réchauffé laisse la place à la volonté d'agir mais aucune hypothèse n'est exclue *a priori*. Il ne s'agit pas là de faire passer des idées mais de trouver des solutions. Ces initiatives prennent différentes formes : un Institut des hautes études avec Planet A, un groupe de réflexion avec Open Agri Food, un *living lab* avec Occitanum, un campus à la campagne avec Hectar. Il existe bien d'autres initiatives, j'ai pris le parti de vous présenter ces quatre-là, pour la simple raison que j'y participe de près ou de loin de manière active.

Planet A se qualifie ainsi : « Portée par un collectif appelé à accueillir des personnalités engagées venant d'horizons différents, Planet A® a été créé sur la base d'un objectif qui se veut une promesse : accélérer la révolution agricole en développant la transmission et le partage de connaissances, en fluidifiant les échanges et en créant les conditions d'une innovation utile aux Hommes. » L'Institut des hautes études de l'agriculture a pour objet de sensibiliser, de débattre et de mobiliser les hauts responsables du public et du privé, les représentants de la société civile, les entreprises et les individus/citoyens. *In fine*, il les rassemble autour de cet enjeu géopolitique majeur qu'est l'agriculture, au cœur de questionnements économiques, environnementaux, sociétaux. Pour ce faire, l'institut a pour objectif de décloisonner les débats avec les décideurs issus de tous les secteurs afin de favoriser la construction et la diffusion d'une culture d'impact commune et partagée sur les enjeux agricoles, viticoles, forestiers et agro-industriels. La question agricole y est abordée dans son acception la plus large. Les parties prenantes aux expertises variées et de tous les horizons géographiques sont invitées à réfléchir et à proposer des solutions pérennes pour répondre aux enjeux de l'agriculture, de l'alimentation, de l'environnement... J'ai l'occasion d'y intervenir régulièrement.

Open Agri Food a un positionnement sensiblement différent. C'est un lieu de rencontre et d'échanges de tous les acteurs de la filière alimentaire avec pour ambition de développer l'alimentation de demain. Prendre part au projet Open Agri Food, c'est travailler tout au long de l'année sur des problématiques au cœur des préoccupations de l'ensemble de la filière. L'éducation à l'alimentation, la raison d'être de la filière alimentaire et celles de ses entreprises, la transition agricole et alimentaire sont les sujets sur lesquels travaille Open Agri Food. On y trouve aussi bien des étudiants, des militants, des entrepreneurs, des élus et des agriculteurs. Le volontariat et le bénévolat sont de règle, et si les militants de toutes sortes sont les bienvenus, le militantisme se doit de rester en dehors. On est là pour travailler, faire avancer les choses, pas pour y imposer ses idées. Open Agri Food est une agora de « *doers* ».

Occitanum est un *living lab* itinérant en région occitane. Occitanum se compose de sept « *open labs* », des laboratoires répartis sur l'ensemble du territoire dans une démarche d'innovation ouverte à l'ensemble de la société. Des agriculteurs aux consommateurs, tous les acteurs de la chaîne alimentaire et les habitants sont associés au processus d'innovation aux côtés des scientifiques, des entrepreneurs de l'AgTech, des acteurs du développement et des collectivités locales. Ensemble, ils conçoivent, testent et déploient des logiciels, applications smartphones, drones, robots, outils connectés, capteurs, etc., avec des objectifs définis. L'ambition est d'arriver à obtenir :

- 30 % de revenus supplémentaires pour les agriculteurs ;
- 50 % d'agriculteurs engagés dans la transition agroécologique ;
- 50 % de la production vendue en circuit court ;
- 30 % d'approvisionnement local en restauration collective ;
- 20 % d'activité en plus du secteur de l'agriculture technologique (AgTech) ;
- 160 mégawatts-crête en plus d'installations photovoltaïques sur les surfaces agricoles (l'agrivoltaïsme).

Occitanum est une organisation que j'aime beaucoup, elle met les acteurs en situation de faire. J'ai eu l'occasion d'y intervenir à plusieurs occasions et j'aimerais la voir essaimer sur le territoire.

Hectar est une initiative que nous pouvons à certains égards comparer à Occitanum. La première est une initiative émanant d'institutions et de collectivités, la seconde est née de la volonté de deux entrepreneurs, Xavier Niel et Audrey Bourolleau. Cent pour cent orienté vers l'entrepreneuriat et la tech au service des hommes, Hectar se définit comme un concept unique au monde pour faire face dès aujourd'hui aux enjeux climatiques, sociaux et économiques. Le campus met à disposition une ferme laitière, une ferme céréalière et une forêt sur un espace global d'environ six cents hectares ainsi que deux corps de ferme distants d'à peu près un kilomètre. Sur l'un se trouvent la ferme laitière et son atelier de transformation, sur l'autre de quoi accueillir des publics aussi divers que variés où tout est mis en œuvre pour qu'ils aient à leur disposition tout ce dont ils ont besoin : des salles de réunion et de la restauration, des simulateurs de conduite d'engin et d'amélioration de l'emprise carbone, des laboratoires, des serres et des parcelles pour tester leurs projets. Toutes sortes de publics peuvent s'y croiser, des personnes en reconversion désirant devenir agriculteur, des collégiens en stage de découverte, des startupeurs en programmes d'accélération ou bien encore des équipes d'entreprise en séminaire. C'est ce mélange qui fait la richesse des lieux.

Un nouveau récit est à écrire, ces initiatives sont en train de le faire, il ne s'arrête pas à la façon de produire mais doit engager tous les maillons de la chaîne de valeur. Ce n'est pas seulement de nouveaux modèles d'agriculture qui vont s'imposer par de nouvelles façons de produire ou de nouveaux services à apporter à la société. Ce qui se joue, c'est aussi un renversement qui fait du consommateur l'acteur principal du mariage de la responsabilité et du business. Le pouvoir d'achat ne peut plus être l'alibi d'une consommation de masse à bas coûts compensée par le paiement de services environnementaux tirés de l'impôt ou de la responsabilité sociétale des entreprises. C'est le récit d'une raison d'être collective qui est à écrire.

VERS DES TERRITOIRES À MISSION

« Une amie chamane me disait récemment : "Terre-Mère est en train d'accoucher." Oui, nous sentons bien que quelque chose se passe sur notre planète en ce début d'anthropocène, cette nouvelle ère géologique provoquée par l'activité humaine. Pour la première fois depuis 4,5 milliards d'années, l'écosystème de la planète Terre est impacté par la présence de ses habitants. Deux visions du futur s'affrontent : les technophiles persuadés que les sciences et techniques nous sauveront, *versus* les biophiles qui prônent la décroissance. Dans son livre *Cultivons l'avenir ensemble*, Hervé Pillaud explore la voie du juste milieu, la voie du sage. À l'image de l'auteur, elle n'est pas synonyme d'eau tiède mais plutôt d'une exploration passionnée des "futurs possibles à défaut d'être souhaitables", d'une quête de consensus enthousiaste pour éviter d'être mou. Chantier magnifique et courageux, digne d'un Vendéen de la Grande Vendée, là où le courage s'accomplit comme la marche ou la respiration, là où #lessentielvientducoeur. » C'est par ces mots que mon ami Jean-Michel Mousset qualifia mon précédent ouvrage. Ils invitent à l'écriture d'une raison d'être qui ne peut être que celle d'un territoire, mais ce n'est pas d'écrire le récit de ce qui doit être qui fait qu'il sera. Celui de « la Grande Vendée » à laquelle se réfère Jean-Michel s'écrit chaque jour comme celui de la fabrique d'un territoire à mission.

L'état d'esprit dans lequel s'est construite la Vendée telle qu'elle est aujourd'hui est atypique, il tient inconsciemment de la fabrique de biens communs. Les communs ne tiennent pas tant dans la ressource que dans la capacité à mettre en œuvre des valeurs communes. Il n'y a pas de miracle vendéen, simplement un besoin de se surpasser ensemble, pour une réussite commune. Des années difficiles, la Vendée a gardé la mémoire et a su rester fidèle aux valeurs humanistes de la religion sur lesquelles elle s'est construite. Il en naîtra un trait commun : la volonté, le sentiment d'appartenance à un territoire meurtri qu'il faut faire prospérer. Il en naîtra une mobilisation pour se lancer dans l'aventure de l'entreprise, dans un contexte favorable. C'est l'engagement qui emmènera toute une population vers le haut en offrant à chacun la possibilité de rester au pays où il fait bon vivre. « En Vendée, tout le monde sait qu'il faut bosser ! » dit Olivier Mazerolle. Volonté, solidarité, mobilisation, engagement, collaboration, appartenance, c'est sur ces valeurs que la Vendée a créé les communs qui ont construit sa réussite, produisant du bien sans qu'il n'y ait de plan. La vie des PME locales est rythmée par des pendules qui ne sont pas celles d'une économie globale uniformisée par des fonds souverains et une mondialisation sans âme. Les chefs d'entreprises vendéens n'ont de compte à rendre qu'à eux-mêmes, à leurs salariés et à leur pays. L'intérêt du voisin paysan, à qui il va falloir prendre quelques hectares, a plus d'importance pour eux que celui d'un hypothétique fonds de pension ou boursicoteur, avide de profits faciles. L'agriculture s'y développe sur la culture du groupe, des GAEC aux CUMA, l'agriculture ne peut être pensée individuellement. Ici, il ne s'agit pas seulement de s'entendre, il faut porter ensemble des enjeux façonnant la ruralité heureuse.

La réussite de la Vendée s'est réalisée par la capacité des agriculteurs à dépasser l'adversité d'avoir été des décennies durant « des laissés pour compte de la République ». Sans que ce ne soit comparable, et il serait hasardeux de vouloir trouver des similitudes (comparaison n'est pas raison), c'est aussi dans leur capacité à dépasser l'adversité que les agriculteurs trouveront leurs voies d'avenir. Sans qu'ils ne s'en rendent comptent, leur raison d'être ancestrale a été trahie par la société de consommation à qui ils ont offert sans retour le meilleur d'eux-mêmes. La raison d'être d'un agriculteur qui se respecte a toujours été d'obtenir durablement le meilleur de la terre pour permettre de nourrir sa famille. Cette raison d'être s'est désormais largement étendue bien au-delà de la famille, mais reste fondamentale dans l'inconscient de bien des agriculteurs. Nourrir le monde s'inscrit inconsciemment comme un devoir chez les agriculteurs, mais les agriculteurs le subissent plus qu'ils n'en bénéficient. Michel Serres disait de l'agriculture : « Le XXe siècle restera pour la France et pour l'Europe celui de la révolution agricole. Les agriculteurs représentaient 78 % de la population en 1900 pour ne représenter aujourd'hui, à l'aube du troisième millénaire, guère plus de 1 %. Dans le même temps, la productivité a été multipliée par dix. » Le problème est qu'ils se sont laissé capter par d'autres la quasi-intégralité de leurs gigantesques gains de productivité réalisés au cours des soixante dernières années.

Les clés de la réussite seront dans la capacité à dépasser le ressentiment et l'amertume que génère ce qu'ils considèrent globalement comme une injustice. Elle est d'autant plus prégnante qu'il n'est pas une journée sans qu'on ne les prenne pour responsables de tous les maux de la terre, ou pire encore d'être les victimes inconscientes de nébuleuses machiavéliques avides de profits démesurés. Pas facile dans ces conditions de se bâtir un avenir serein en collaboration avec une société qui au mieux vous ignore, au pire veut vous imposer sa vision. Quelques jours avant de nous quitter, Michel Serres lançait ce message : « Les paysans, on s'en fout toujours. C'est la ville qui commande ! Et c'est un problème de définition de ce qu'est la politique. C'est un cauchemar de l'histoire. » Il ne tient qu'à nous de le faire mentir. C'est dans notre capacité à rebâtir les territoires sur un socle partagé que se dessinera ou non notre avenir. L'agriculture et la ruralité telles que nous les connaissons sont nées des communs, alors que la notion de communs tend à disparaître, de nouvelles fabriques de biens communs sont nécessaires. Ils seront l'ossature des nouveaux territoires à mission.

L'idée de territoires à mission doit reposer sur trois éléments fondamentaux : l'approvisionnement local, la volonté de rayonner ensemble et une gestion collective des biens communs. Un territoire à mission sera un territoire qui saura mettre en place un approvisionnement alimentaire équitable en veillant à la juste répartition des profits entre les maillons de la chaîne alimentaire et en privilégiant l'approvisionnement local chaque fois que cela est possible. L'approvisionnement local n'exclut pas la volonté d'ouvrir ses marchés en donnant à ses acteurs économiques la capacité de rayonner à l'extérieur, portant ainsi en dehors de son périmètre les valeurs d'un territoire à mission. Pour finir, un territoire à mission sera un territoire qui saura mettre l'ensemble de ses entreprises en synergie pour générer des biens communs à l'échelle du territoire.

Nous devons le bâtir par des actes, penser à agir avant de penser à organiser. Le temps n'est plus à « rentrer dans des cases », fussent-elles définies en commun, mais de laisser cours au développement de synergies entre entreprises, agriculteurs et citoyens qui pourraient s'élargir aux collectivités locales, aux associations pour dessiner des biens communs. Un territoire à mission n'imposerait pas qu'individuellement ses entreprises soient toutes « à mission », mais la dynamique ne pourra que les y conduire. L'agriculteur ne sera pas en reste, il pourra ici boiser, cultiver des jachères floristiques, réduire suffisamment les intrants, se convertir à l'agriculture de conservation, etc., pour contribuer activement aux missions des entreprises du territoire et des collectivités, pour délivrer une eau potable de qualité, réduire les risques d'inondation, atténuer les effets du changement climatique, avoir un bilan carbone neutre à l'échelle du territoire, proposer une alimentation solidaire et saine… L'agriculture de demain sera une pierre angulaire pour des territoires capables de redéfinir leurs missions en l'intégrant comme une activité fondamentale à son développement. Il existe peu de chance de voir des territoires prospères sans une agriculture viable, vivable et durable. À nous de les bâtir ensemble !

Chapitre 9

L'AGRICULTURE EST L'AVENIR DE L'HOMME

Bâtir ensemble les territoires de demain implique le respect de chacun. En introduction du livre, je disais : « Nous avons délégué la production de notre alimentation à guère plus de 1 % des nôtres, les mépriser est une folie. » Ce mépris, souvent ressenti par les gens de la terre, n'est pas forcément dans la stigmatisation, il est même plus souvent dans une forme d'apitoiement condescendant tout aussi ravageur. Nous ne pouvons confronter notre besoin de liberté et notre besoin de nous alimenter à un tel risque. Si nous allions chercher les solutions en réinventant le « vivre ensemble » ? L'agriculture a vocation à devenir une formidable occasion pour réinventer la manière de faire société commune et ça, c'est assurément plus nouveau !

C'est en 2010 que j'ai connu Frédéric-Michel Chevalier, il était alors community manager pour le Medef à Paris. Il fait partie des personnes qui m'ont appris à connaître les milieux parisiens où se fait l'opinion. C'était le début des réseaux sociaux, nous étions un certain nombre à en soupçonner le potentiel, sans véritablement savoir ce que ces nouveaux moyens de communication pouvaient nous offrir. Nous fondions beaucoup d'espoir sur la notion de réseau qu'ils portent théoriquement en eux. L'avenir nous fera un peu déchanter, mais l'enthousiasme de la nouveauté nous incitait à privilégier le verre à moitié plein avec la volonté de combler l'autre moitié. L'autre moitié, c'était celle de notre ignorance et nous avions la ferme volonté de combler ces lacunes en échangeant nos pratiques. Les premières formations au community management s'esquissaient à peine, l'improvisation était de mise et c'était charmant. L'esquisse du professionnalisme tutoyait la hardiesse de l'amateurisme plus ou moins éclairé. L'enrichissement mutuel nous apportait beaucoup, nous irons même jusqu'à en faire un livre, *Les médias sociaux expliqués à mon boss*, sous la houlette de deux pionniers de la communication digitale : Hervé Kabla et Yann Gourvennec. Quelques mois avant notre rencontre, ils avaient fondé l'association Media Aces (« Les as des médias », en bon français).

Un soir d'avril 2011, Frédéric-Michel m'invite à une soirée de l'association à la brasserie Le Zeyer au 62 de la rue d'Alésia dans le 14e arrondissement à Paris. Il me dit : « Nous avons une conférence des membres de Media Aces, viens, je te ferai rencontrer du monde ! »

Je ne connais personne, je ne sais même pas à quoi m'attendre mais j'y vais. Je suis accueilli en arrivant par le sourire affable d'un charmant monsieur :

— Vous êtes Hervé Pillaud ?
— Oui.
— Je suis Hervé Kabla, président de Media Aces.

Par la suite, Hervé m'a été précieux dans ce grand saut vers l'inconnu des réseaux sociaux et est devenu un ami. Petit à petit, les autres membres de l'association sont arrivés, nous nous sommes mis à table, nous étions une quinzaine. Hervé me propose de m'asseoir à ses côtés, entre lui et Fadhila Brahimi qui animait la soirée. De l'autre côté d'Hervé, il y avait une dame que je ne connaissais pas, je découvre quelques minutes plus tard qu'elle enseigne à la Sorbonne. En fait, je ne connaissais personne ! Hervé proposa un tour de table pour que chacun se présente, ils étaient responsables de communication digitale à la CCI de Paris, chez Air France, Business France, au Medef, chez Orange ; enseignant à la Sorbonne, à HEC, Polytechnique ; d'autres se présentaient comme influenceurs... et moi, Hervé Pillaud : agriculteur en Vendée, responsable FNSEA de mon département. Ça me semble bien maigre, par rapport aux références que je viens d'entendre. Je suis assis là, dos à la fenêtre du restaurant, je ne peux même pas prétexter d'aller aux toilettes pour fuir. Je ne suis pas au bout de mes surprises quand Fadhila prend la parole pour donner le programme de la soirée et qu'elle annonce : « Ce soir, nous avons deux invités : la responsable de la future chaire de community management de la Sorbonne qui va nous présenter ce qu'ils mettent en place et Hervé Pillaud, agriculteur en Vendée, qui vient témoigner de ce qu'il a mis en place dans son département. » Frédéric-Michel m'avait bien dit que ce serait sympa si je pouvais parler de ce que nous faisions, mais sans plus. J'étais mort de trouille, petit paysan autodidacte au milieu de ce parterre de chargés de communication d'institutions plus prestigieuses les unes que les autres.

J'avais apporté quelques *Vendée agricole*, notre journal agricole local pour montrer ce que nous faisions. Quand vient mon tour de prendre la parole, derrière la professeure de la Sorbonne qui venait de faire un brillant exposé, je distribue mes quelques journaux pour qu'ils les feuillettent. Au moins, si je me plante comme c'est probable, ils auront de la lecture et de quoi se cacher pour ne pas montrer leur stupéfaction. Je me lance malgré tout en leur expliquant ce qu'est la VA[1], comment nous nous essayons à la communication 360° avec un site Web adossé, une Web TV, des QR codes dans le journal pour renvoyer vers le site et les vidéos, je leur parle de mes premiers pas sur les réseaux sociaux (j'ai à peine

1. VA : *Vendée agricole*.

cent followers sur Twitter), des formations que nous voulons créer pour les agriculteurs... Petit à petit, je vois leur regard qui se fait attentif, ils m'écoutent ! C'est pour moi comme un Everest que je viens de franchir. Frédéric-Michel, le voyou, leur dit : « Je vous avais dit que vous alliez être surpris ! » Je me voyais dans le rôle du con dans le dîner éponyme, j'étais l'invité qu'ils voulaient entendre. Par la suite, j'ai fait bien des dîners et des réunions avec eux et j'étais à chaque fois étonné de leur écoute. Un mois après cette aventure parisienne, nous organisions une soirée en Vendée pour lancer notre nouveau site Web, ils étaient tous là !

Quand bien plus tard je m'étonnais auprès d'Hervé et de Yann de ce que je pouvais bien apporter à des professionnels comme eux, ils me répondaient : « Le pragmatisme, tu as la terre collée aux basques, tu nous remets les pieds sur terre et on en a souvent besoin. » Le pragmatisme dont parlent Yann et Hervé, c'est peut-être et même sûrement le bon sens paysan. Il peut paraître désuet aux yeux de certains « sachants », mais c'est un point fort sur lequel nous devons nous appuyer. L'obsession bien française de corriger nos points faibles nous conduit à vouloir combler des lacunes qui n'en sont pas forcément, si ce n'est pour vouloir entrer dans un moule qui n'est pas le nôtre. Elle n'a comme effet que de nous faire singer ce que nous ne sommes pas. C'est comme nous sommes que la société a besoin de nous. Nous ne devons pas aborder les sujets agricoles, alimentaires ou environnementaux en réaction de ce que nous entendons, mais en posant les fondamentaux qui sont les nôtres.

La société se cache trop souvent derrière les masques de ses propres turpitudes en cherchant des coupables ou tout au moins des responsables aux maux qui la gangrènent. Ce n'est pas en réaction aux attaques des pourfendeurs de l'agriculture que nous pouvons rendre service à la société, nous ne faisons que les servir. Nous devons proposer des solutions pour les faire sortir des désalignements qu'ils entretiennent par une dévotion aveugle à la consommation, même s'ils s'en défendent : le paravent du bio ne peut rien faire face à l'addiction au sel, au sucre et au gras. Il nous faut changer le logiciel de la communication, de l'éducation et de la perception de notre métier. Bien au-delà de ce que nous produisons, de la manière dont nous le produisons, c'est en ça que l'agriculture a vocation à faire société commune.

COMMUNIQUER

J'ai fait mes premiers pas sur Twitter en novembre 2010. Quelques semaines plus tard, vers la mi-décembre, je lis le post suivant : « J'organise un tweet apéro le 28 décembre à 19 heures au bar des Artistes à La Roche-sur-Yon. Vient qui veut ! » Un formulaire d'inscription est joint au tweet. Je remplis le formulaire et nous nous retrouvons une quinzaine un mardi soir entre Noël et le jour de l'An au fond d'un bar où l'odeur du vin chaud se mêle à celle du chocolat. La plupart d'entre nous ne nous connaissons pas, mais le courant passe bien, l'ambiance est détendue. Tout le monde n'a pas encore de smartphone, il n'y a pas beaucoup de connexion, mais l'ambiance est chaleureuse. La semaine suivante, nous échangeons nos vœux de nouvelle année sur le réseau à l'oiseau bleu, puis nous nous retrouvons régulièrement au cours de l'année 2011 et au début de 2012 pour un tweet apéro à l'hôtel Mercure des Sables-d'Olonne sur le front de mer. Nous sommes de milieux très différents, d'opinions toutes aussi différentes, mais le courant passe bien entre nous. Des quinze du départ qui sont toujours là, le groupe s'est étoffé et nous sommes une quarantaine à la fin du mois de mai aux Sables-d'Olonne, sur la terrasse de l'hôtel face à l'océan.

À la fin de chaque tweet apéro, nous décidons toujours du prochain. La proposition de je ne sais plus qui d'organiser un tweet apéro à la ferme séduit les participants. Les regards se tournent vers moi : « Hervé, peux-tu nous inviter sur ton exploitation ? » Difficile de dire non ! C'est ainsi que vers le 10 juillet, c'est une cinquantaine de twittos que nous accueillons Christine et moi à la Pitardière. Leur vision de l'agriculture est bien souvent à l'image de celle de la société, faite de clichés, d'images d'Épinal et loin des réalités. Ce n'est en tout cas pas vraiment en phase avec les réalités de la Pitardière. Ce n'est pas sans appréhension que nous organisons la réception. À l'époque, nous avions une jument comtoise et une voiture pour nous balader dans la campagne. Manu, notre apprenti, fin meneur, l'attelle et balade ceux qui le veulent dans nos champs et nos prés, là où paissent nos montbéliardes. Ils sont ravis, les photos et les selfies s'enchaînent et la Pitardière inonde la toile. Sur la pelouse où nous avons dressé une table avec quelques produits et breuvages préparés par Christine, j'ai disposé une dizaine de photos. La veille, j'avais fait préparer par la FDSEA une dizaine de visuels du concours « Les agriculteurs aiment le Tour » organisé par la FNSEA et le Tour de France. J'ai fait mettre un QR code en bas de la photo pour flasher le site de vote. Ils se prennent tous au jeu et découvrent un autre visage de notre organisation paysanne. Christine, de son côté, fait visiter l'élevage, la salle de traite où matin et soir elle trait le lait de nos soixante montbéliardes. Elle leur explique comment il est stocké, refroidi puis conduit à la coopérative pour finir en briques qu'ils retrouvent sur les rayons de leur supérette sous la marque Le Petit Vendéen. Certains en achètent, le trouvent bon, et pouvoir identifier une fermière qui travaille à fournir le lait de leur petit déjeuner n'est pas anodin pour eux. Tout à côté de la salle de traite, dans la nursery, un veau est arrivé le matin même, il est né dans la nuit et n'est pas encore baptisé. Dans la plupart des élevages, les animaux portent un nom commençant toujours par la même lettre sur une année calendaire. Faire baptiser le veau par nos invités devient une évidence, la lettre initiale pour 2012 est le H et c'est ainsi que le veau se voit baptiser Hashtag ! De tweet en retweet sa photo ira jusqu'à une journaliste de France Info.

Quelques jours plus tard, elle cherche à me joindre pour faire un reportage sur la communication des agriculteurs sur les réseaux sociaux. Nous ne sommes pas nombreux à communiquer ainsi en 2012. C'est nouveau et nous sommes même parfois la risée de nos collègues, quelquefois mêlée de la crainte de voir afficher nos pratiques pas toujours comprises par nos concitoyens. Les agriculteurs sont naturellement des taiseux, ils n'aiment pas se mettre en avant, c'est ainsi ! Malgré tout, la semaine suivante, la journaliste débarque de bon matin à la Pitardière. Elle veut faire l'interview dans nos conditions réelles de travail : participer à la traite du matin, comprendre les soins que nous prodiguons chaque jour aux animaux, partager le petit déjeuner pris en famille après le travail à l'étable, ce moment précieux pour les paysans où ils se restaurent tout en programmant l'emploi du temps du reste de la journée.

Clara Beaudoux, notre journaliste qui a fait depuis une belle carrière dans les documentaires, sortira son article quelques semaines plus tard, intitulé : « Mon veau s'appelle Hashtag ». Hashtag fera le tour du monde, sera repris en modèle par beaucoup d'agences de communication. Il n'était pourtant le fruit que d'une succession d'improvisations seulement motivées par la volonté de partager l'amour de notre métier. Ici, il n'y avait pas de stratégies millimétrées, pas de photos photoshopées, simplement le désir de partager notre passion.

Être agriculteur, c'est épouser un métier passion, comme celui d'infirmière, d'enseignant, de marin… et de bien d'autres. Comment définir un métier passion ? Un métier passion, c'est celui qui donne du sens à sa vie. Donner du sens à sa vie, c'est une expression assez nouvelle, expression d'un mal-être d'une société shootée au désir de consommer pour y trouver un hypothétique bien-être, quelquefois même une raison d'être. Les communicants l'ont bien compris, ce désir envahit l'espace médiatique que ce soit pour le satisfaire ou le contrer. Tout nous incite à y contribuer alors que c'est ailleurs qu'il faut aller chercher les bons leviers de communication.

Les idéologues de la décroissance l'ont tout aussi bien compris quand ils dénigrent notre métier. Pour preuves, l'usurpation du mot « paysan » qu'ils ont accaparé en toute illégitimité et la qualification de productiviste qui viennent affubler tous leurs propos sur l'agriculture permettant à chacun de trouver de quoi se nourrir. Ils n'ont que faire de notre sort, mais c'est pour eux un prétexte pour imposer une vision de la société où le collectivisme prendra le pas sur un capitalisme fantasmagorique qu'ils dénoncent sans remettre en cause la religion consumériste. Autant dire que nous avons ici affaire à une escroquerie de grande dimension même si elle se drape du manteau de l'environnement.

Manifester une réaction à leurs propos est nécessaire mais ne suffit pas. Nous ne devons pas les laisser définir la stratégie de communication pour simplement réagir. Il n'est pas d'hypothétique « camp du bien » d'intellectuels bien nés seuls capables de définir notre futur. Derrière les postures faussement généreuses, il n'y a souvent qu'une médiocrité dénuée de toute spiritualité, perdue entre le refus du matérialisme et un besoin de dénoncer ce dont ils se goinfrent. Paradoxalement, nous ne leur rendons pas service en acceptant d'entrer dans le débat de cette manière. Les fausses solutions ne débouchent jamais sur de vrais remèdes. Face aux maux qui nous rongent et quand ces maux concernent la société tout entière, les fausses solutions peuvent conduire à la catastrophe. Qu'il soit en production biologique, conventionnelle, de conservation ou éleveur, céréalier, maraîcher, voire en société, en réseau, en coopérative, etc., un agriculteur est motivé par autre chose. Il a en lui inconsciemment des valeurs qui donnent du sens à sa vie. Il est entre autres un entrepreneur au sens noble du terme, celui qui entreprend, qui prend des risques et les assume. Comme nous l'avons fait il y a quelques années pour le tweet apéro à la Pitardière, c'est en montrant ce que nous faisons, ce pour quoi nous le faisons

– et qui souvent inconsciemment donne du sens à nos vies –, que nous développerons une communication sincère sur notre métier. Après tout, c'est quand on a trouvé un sens à sa vie et qu'on l'assume que l'on peut le communiquer à ceux qui le cherchent. Ce sera pour notre société plus efficace que de la laisser délirer dans des fantasmes sans issues. À bien y regarder, ce n'est peut-être pas uniquement une affaire de communication, c'est peut-être aussi une question d'éducation !

ÉDUQUER

Le slogan « *Yes, we can !* » (en français : « Oui, nous pouvons ! ») est la formule emblématique de la campagne électorale de Barack Obama pour la présidence des États-Unis en 2008. Ce slogan encourageait l'unité et la mobilisation collective. Il était convaincu que lorsque les gens se rassemblent et travaillent ensemble, ils peuvent accomplir des choses extraordinaires. Les citoyens devraient être des agents de changement et à partir de là, les obstacles pourraient être surmontés. Il en fit un projet communicatif et c'est sur ces bases que le 4 novembre 2008 il devient le 44e président des États-Unis d'Amérique.

Barack Obama à la Maison-Blanche, c'était également son épouse Michelle. Ils forment ensemble un couple fusionnel, emblématique d'une stabilité familiale où chacun trouve sa place. Le rôle de *First Lady* aux États-Unis est bien plus important qu'il peut l'être en France et dans d'autres pays. Michelle Obama saura saisir cette opportunité pour défendre des causes majeures. Elle profitera de son statut pour permettre la mise en place de programmes fondateurs pour le devenir des générations futures. Quand on parle du devenir des générations futures, c'est souvent l'environnement qui vient à l'esprit et ce n'est pas illogique, il y a fort à faire. Ce n'est cependant pas ce point qui a prioritairement retenu l'attention de Mme Obama. En maman bienveillante, elle s'est d'abord intéressée à la santé et à l'alimentation des enfants américains. À quoi bon faire des projets d'avenir pour vos enfants si vous ne leur offrez pas une bonne hygiène de vie qui leur permettra d'envisager l'avenir avec sérénité ?

L'obésité est un fléau aux États-Unis. Dans les années 2007-2010, un tiers des enfants américains de 2 à 19 ans sont obèses. C'est près de 112 000 personnes qui meurent des suites de l'obésité chaque année, dont 84 000 ont moins de 70 ans. La malnutrition est un sujet majeur aux causes multiples qu'il convient d'affronter en priorité. C'est sur ce constat que depuis la Maison Blanche, Michelle Obama a lancé l'initiative « *Let's Move !* » le 9 février 2010 pour lutter contre l'obésité infantile et promouvoir un mode de vie sain pour les enfants et les familles américaines. Elle déclare que « *Let's Move !* » serait un effort national visant à transformer la manière dont les Américains pensent à la nourriture, à l'exercice et à la nutrition. Son discours sera suivi de la signature par le président Barack Obama d'une lettre de mémorandum présidentiel créant la Task Force on Childhood Obesity (task force sur l'obésité infantile), chargée de coordonner les efforts du gouvernement pour lutter contre l'obésité infantile. Trois mois plus tard, elle récoltait les premiers résultats de son combat avec l'engagement du secteur agroalimentaire de réduire les taux de sel, de sucre et de gras de leurs produits. Son combat ne s'arrêtera pas là, elle n'aura de cesse de porter ses messages dans les écoles pour y promouvoir la pratique du sport associée à une alimentation saine et équilibrée.

Le combat de Michelle Obama doit également être le nôtre ! L'incroyable augmentation de l'obésité et des risques que l'on peut lui imputer : l'augmentation des problèmes cardiovasculaires, du diabète, des cancers et des maladies de foie, est un problème majeur. Il a conduit les scientifiques qui s'intéressent à ces problèmes de santé à se pencher sur les effets du sucre, du sel et du gras sur l'obésité et les problèmes de santé qui en découlent. Si ce trio est indispensable à la santé, c'est là aussi l'excès qui en fait le poison et ce qui est nouveau, la manière dont il entre dans la composition de nos aliments. Selon le docteur Richard Béliveau[1], biochimiste, spécialiste en médecine moléculaire et auteur de nombreux ouvrages sur l'alimentation, dans une interview accordée au *Figaro santé*[2], le sucre, le sel et le gras sont indispensables à la vie, mais il nous dit : « On ne peut et on ne doit pas se passer de sucre, de gras ou de sel. Prenez le cerveau comme exemple : pour fonctionner adéquatement, les neurones doivent consommer chaque jour environ 120 g de glucose, soit près de la moitié des glucides que vous mangez. Le sucre, le sel et le gras sont donc absolument essentiels à la vie, et il faut faire attention avant de les condamner sans autre forme de procès. » Pour le docteur Béliveau, c'est l'évolution de nos habitudes de consommation qui pose problème et notamment le fait que nous cuisinions de moins en moins au profit d'une nourriture achetée prête à l'emploi : « Ce qui pose problème, c'est leur utilisation démesurée par l'industrie agroalimentaire. Ce n'est pas la noix de beurre utilisée pour sauter des légumes, le sel ajouté à un potage ou encore le cube de sucre dans votre café qui posent problème. » Il est très compliqué de connaître la consommation exacte de ces trois ingrédients tant la nature de leur consommation évolue. Ce qui était autrefois des moyens de conservation (salaison, saumurage, confits, les sirops et confitures...) est devenu une composante à part entière de plats préparés. C'est un des problèmes les plus importants de la nutrition actuelle, notamment pour les produits à bas coût à cause de l'effet addictif que procurent ces ingrédients. Pour autant, comme pour la consommation de viande, c'est l'excès et la méconnaissance qui rendent les choses nuisibles. Le problème est dans le fait que notre éducation alimentaire n'a pas forcément évolué avec nos modes de consommation. Loin de

---

1. Richard Béliveau : biochimiste, spécialiste en médecine moléculaire et auteur de nombreux ouvrages sur l'alimentation.
2. *Le Figaro*, 25 novembre 2015.

nous aider, l'influence d'un marketing longtemps tendancieux nous a conduits vers des excès qu'il nous faudra bien rectifier. Et même si l'excès de gras, de sucre et de sel est désormais obligatoire dans les messages, ce n'est pas suffisant.

Le monde a beaucoup changé ces cinquante dernières années, la mondialisation, les progrès technologiques, le rôle social des femmes et des hommes ont considérablement évolué ; ils ont eu un impact considérable sur nos modes de vie au point que nous n'avons pas été capables d'en assumer tous les effets que ce soit sur le climat, la planète, ou même sur notre santé. Si de vieux démons se sont éloignés en matière de santé alimentaire, d'autres sont apparus : les risques liés à la conservation et à la contamination des aliments qui ont hanté les humains durant des siècles ont fait place à d'autres problèmes dont nous ne sommes pas encore collectivement conscients. Les pathologies liées à l'alimentation ont évolué sans que notre éducation alimentaire n'ait vraiment suivi. Notre inconscient est resté figé sur des risques qui, même s'ils doivent toujours et plus que jamais, être l'objet de toutes les attentions, n'en sont pas moins maîtrisés. Les nouveaux risques apparus, liés quant à eux à l'équilibre alimentaire, sont encore mal cernés par le plus grand nombre. Si la mondialisation a bien des travers, elle n'en a pas moins quelques avantages : ceux de partager les cultures alimentaires. Nous connaissons maintenant les cultures alimentaires de la plupart des pays où cette culture est forte ainsi que l'environnement qui les ont construites. L'exotisme alimentaire ne doit pas céder à l'exigence de l'approvisionnement saisonnier et de proximité, mais il nous ouvre sur des cultures qui peuvent faire évoluer les nôtres et *vice versa*.

Alimentation et culture ont toujours été liées comme l'ont toujours été alimentation et religions : il y a quelque chose de sacré dans l'aliment et c'est un point qui n'a peut-être pas été suffisamment considéré ces dernières décennies. Si des interdits demeurent, c'est désormais plus par respect de rites que pour des raisons sanitaires, or ces rites alimentaires avaient à l'origine également un but sanitaire.

C'est toute une culture alimentaire qui est à reconstruire, elle devra associer le sacré[1], le sanitaire et le plaisir. Le sacré doit nous garantir l'inviolabilité et fixer des interdits qui ne doivent pas être enfreints. Le sanitaire doit fixer des règles nouvelles, intégrant les nouveaux risques liés à nos nouveaux modes de vie. Au-delà des règles qu'il est nécessaire de fixer et de respecter, le plaisir doit être le garant de notre bien-être. Ne l'oublions pas, bien manger et bien boire est un art qui a vocation à resserrer le cercle familial et amical et, plus généralement, qui renforce les liens sociaux, ce qui indirectement a aussi un impact sur notre santé.

Le combat porté par la *First Lady* aux États-Unis dans les années 2010 doit aussi être celui des agriculteurs français. Il sert à quoi de revendiquer que nos produits sont sains si c'est pour les voir finir en malbouffe ! Un travail est déjà largement engagé avec la mise en place du Nutri-Score qui, par un code couleur allant du vert au rouge en passant par le jaune, indique la teneur en aliments à favoriser (fibres, protéines, fruits, légumes, légumineuses, fruits à coque, huile de colza, de noix et d'olive) et ceux à limiter (énergie, acides gras saturés, sucres, sel). Après calcul, le score obtenu par un produit permet de lui attribuer une lettre de A à E et une couleur. Certes, cet affichage n'est pas obligatoire, mais de plus en plus le consommateur y veille, et gare aux fournisseurs qui oublieraient de l'afficher. Doit-on pour autant en déduire que seuls les aliments classés A sont bons pour la santé et les autres sont à bannir ? Non, évidemment, les choses sont plus nuancées et c'est toute une éducation à l'alimentation qui est à mettre en place.

Nous devons travailler cette éducation à l'alimentation dès le plus jeune âge. Cela passera d'abord par la formation des

1. Qui est digne d'un respect absolu.

enseignants. Pour la plupart, ils n'ont plus eux-mêmes les repères pour inculquer les bonnes pratiques à leurs élèves. On ne comble pas un trou de cinquante ans d'éducation à l'alimentation par une génération spontanée, surtout quand elle est sujette à la désinformation de toute part. Nous devons veiller à ne pas tomber dans les travers manichéens des solutions simplistes (il ne suffit pas de décider de manger bio et local pour manger sain). Réapprendre des notions rudimentaires de jardinage, de cuisine, des bonnes pratiques d'achat, de la régularité des heures de repas peut paraître désuet, mais dans une société où la notion de famille tend à disparaître, il faut bien trouver un endroit où ces messages peuvent être passés. C'est du rôle de l'enseignement agricole de s'en emparer et de former les enseignants de l'Éducation nationale sur ces sujets. Les agriculteurs ont toute leur place dans ce dispositif éducatif à construire et ils doivent la prendre !

TRANSMETTRE

Nuffield est un réseau international qui finance les voyages d'études d'agriculteurs, de porteurs de projets d'installation ou de salariés du monde agricole pour explorer des domaines très diversifiés liés à l'agriculture. En France, chaque année, le réseau Nuffield octroie une bourse à trois jeunes agriculteurs. Le boursier est soutenu financièrement pour visiter des exploitations dans différents pays, rencontrer des agriculteurs étrangers, des responsables agricoles de haut niveau dans le monde entier et se faire aider, pour l'étude qu'il réalise, par les meilleurs spécialistes du domaine choisi. Il faut être ouvert d'esprit, avoir envie de découvrir de nouvelles cultures. Le respect des idées de chacun est aussi une valeur forte du réseau, tout comme l'écoute et l'humilité. L'ambition commune est de faire avancer toutes les agricultures.

Michel est un ancien lauréat Nuffield, il exploite avec son frère une ferme laitière de cent cinquante hectares dans les montagnes du Jura avec un troupeau de soixante vaches laitières et la suite en croisement intégral (système Pro Cross[1]). La traite est robotisée depuis une douzaine d'années, et le lait est transformé en Pavé d'Affinois par une fromagerie locale. Depuis dix-sept ans, ils ont développé une activité complémentaire de recyclage de déchets végétaux en compost avec le lisier des vaches laitières. Cela leur permet de valoriser un compost de qualité tant sur les cultures (maïs et triticale) destinées à l'alimentation du troupeau, que sur les prairies. Ils recyclent plus de 3 500 tonnes par an de déchets verts et ont également une activité de production d'énergie photovoltaïque et de valorisation du bois énergie.

Autant dire que nous avons là une belle exploitation tournée vers l'avenir, capable d'associer productivité et préservation de l'environnement. De retour de son périple autour du monde, voilà ce que Michel retient de son expérience avec Nuffield : « C'est un parcours et une occasion unique de se confronter à des collègues d'autres pays et de gagner en capacité à comprendre le monde et ses évolutions. J'ai pu acquérir grâce à la bourse Nuffield des compétences en management, analyse, réflexion stratégique et leadership nécessaires pour assumer pleinement mes responsabilités[2] au-delà de la capacité à manager ma propre exploitation. Une expérience exceptionnelle et inoubliable ! »

Le métier d'agriculteur est un métier d'entrepreneur qui se construit le plus souvent en groupe et en réseau. Quel que soit le modèle d'exploitation, un agriculteur est rarement seul et nous pouvons constater chaque jour en agriculture que l'isolement

1. Système Pro Cross : technique de sélection animale qui consiste à optimiser la rentabilité en privilégiant le croisement entre races.
2. Michel est très impliqué dans les organisations professionnelles d'élevage et de gestion des systèmes d'information.

est bien souvent source d'échec, voire de drames. Ces collaborations prennent plusieurs formes, par des échanges internationaux comme avec Nuffield, mais le plus souvent entre associés au sein d'une structure de production, entre exploitations, et aussi avec des collaborateurs salariés (permanents ou temporaires) dans un nombre grandissant d'exploitations. Le système éducatif doit prendre en compte ces réalités, notamment au niveau de l'évaluation des compétences.

À l'inverse de nombre de pays, le système éducatif français privilégie encore trop souvent l'évaluation individuelle plutôt qu'en groupe (et ce, malgré le fait que la plupart des métiers se font en équipe) et un système de notation qui pointe du doigt l'échec (« Tu n'as pas eu la moyenne... »), sans possibilité de se rattraper ; cet état de fait peut aller jusqu'à aliéner l'envie d'essayer. De là découle la crainte de prendre une initiative, d'entreprendre au risque de se tromper, et construit une forme de dépendance.

Les dernières réformes de l'éducation ont permis des avancées, notamment par la mise en place de travaux transdisciplinaires (un professeur d'histoire associé à un professeur de gestion qui vont travailler ensemble un sujet de travail de groupe), d'évaluations par compétences et non plus notées... Il faut poursuivre ces réformes, notamment dans le secteur agricole, où les besoins d'innover face aux enjeux sont très importants.

S'il faut développer une capacité d'adaptation chez l'apprenant, il faut le mettre en situation. Les jeux d'entreprise, où l'apprenant est mis fictivement en situation de travail : on joue sur les aléas (climatiques, cours des marchés...) pour l'amener à trouver les solutions ; plus globalement, c'est la pédagogie par projet qui doit être privilégiée. Ces techniques permettent le droit à l'erreur et obligent à travailler en équipe.

L'utilisation de nouvelles technologies telles que les tablettes, les casques VR[1]/AR[2]/MR[3] et même l'accompagnement par l'IA[4] sont à ce sujet de véritables opportunités qu'il faut saisir. Il sera néanmoins nécessaire de former les enseignants et les équipes pédagogiques à ces techniques pour en tirer le meilleur. C'est une piste de réflexion qui est à considérer[5].

De nouveaux modèles complémentaires de ceux qui existent peuvent trouver leur place dans l'enseignement agricole. À titre d'exemple, le modèle des « écoles de production » trouve toute sa place : l'établissement se constitue en entreprise et reçoit de vraies « commandes-clients », qu'il fait réaliser par des jeunes en formation. À ces chantiers/travaux, s'ajoutent les enseignements généraux adossés sur la pratique professionnelle (maths : calcul de rendements, de temps de travail... ; français : courriers, analyse de textes juridiques...).

L'apprentissage et le partage d'expérience seront demain les éléments essentiels du parcours d'un futur agriculteur au moins au même titre que la transmission de savoirs. Les techniques de production, les outils de gestion évoluent rapidement et il y a fort à parier que les connaissances techniques acquises par un jeune actuellement en lycée agricole ne seront pas celles qu'il mettra en œuvre lorsqu'il créera ou reprendra une exploitation. Certes, il y a un socle de base à connaître, notamment sur la connaissance des plantes et des animaux (agronomie, zootechnie) ou encore de gestion de l'entreprise elle-même, mais les outils utilisés actuellement pour travailler le sol, la plante ou pour l'élevage seront-ils toujours les mêmes dans dix ans ? Nous pouvons raisonnablement penser que non !

1. VR : réalité virtuelle.
2. AR : réalité augmentée.
3. MR : réalité mixte.
4. IA : intelligence artificielle.
5. Pour un numérique au service des savoirs publié par le CNNum.

Nous allons devoir inventer de nouvelles façons d'apprendre. Aussi, il est important de travailler sur la capacité d'adaptation de l'apprenant (jeux d'entreprise), lui faire découvrir différentes techniques existantes ou en développement. Une exploitation agricole ou un atelier, un laboratoire adossé à un lycée se doit d'être un lieu d'expérimentation, de collaboration et d'innovation et non seulement d'apprentissage de techniques, probablement obsolètes dès demain.

Une veille de ce qui se fait dans les entreprises innovantes – start-up, PME, grands groupes – doit être développée. Des collaborations doivent s'engager pour à la fois donner aux apprenants l'esprit d'innovation, leur permettre d'avoir en amont un contact avec des outils et des technologies qui seront ceux de demain et de développer leur capacité de jugement entre ce qui est véritablement utile et du domaine du « gadget ». Cette collaboration aura aussi l'intérêt de permettre aux entreprises innovantes de trouver un terrain d'expérimentation et de développement de leurs solutions, voire de coconstruction avec les enseignants, les collaborateurs des fermes de lycées et les apprenants eux-mêmes.

Faire travailler ensemble les supports techniques des lycées agricoles et les entreprises innovantes sera un point fondamental pour permettre l'émergence de champions français capables de rayonner tant dans notre pays qu'à l'international, et former les futurs agriculteurs et futures agricultrices aux techniques de demain. Si nous y arrivons, cela peut à terme représenter un des piliers de notre souveraineté à la fois technologique, agricole et alimentaire. Nous dépendons trop de l'étranger, que ce soit pour la mécanisation, la génétique (notamment végétale), la protection des plantes et même de plus en plus pour la production. Une telle collaboration peut être initiatrice d'une nouvelle dynamique.

Il est également nécessaire de faire évoluer les formations pour s'adapter aux modèles d'entreprises de demain, ces modèles seront forcément pluriels. Qu'on le veuille ou non, la taille des exploitations évolue et la France tend progressivement vers des modèles ressemblant plus à des entreprises qu'à des fermes familiales. De nouveaux modèles de collaboration commencent déjà à émerger et vont se développer. Il ne s'agit pas ici de choisir entre tel ou tel modèle, mais de donner aux apprenants les compétences nécessaires pour pouvoir choisir demain la voie qui sera la bonne en fonction de leurs choix personnels, de leurs capacités financières et du contexte dans lequel ils se trouvent. Le premier ajustement en conséquence : la « stratégie » doit prendre une place plus importante, notamment dans l'enseignement supérieur ; le fait de s'adosser demain sur des formateurs habitués des écoles de commerce n'est pas dissonant. Les lycées agricoles doivent progressivement décliner les métiers que l'on trouve dans une entreprise « traditionnelle » (comptabilité, RH...) en les adaptant au secteur agricole avec ses spécificités et ses capacités de travail en réseau.

Ouverture, découverte et partage seront les maîtres mots de la transmission. Dans un contexte de « changement d'ère » de notre agriculture, l'observation de divers systèmes d'agricultures à travers le monde, le travail par la gestion de projet, la révision de l'évaluation des compétences sont des évolutions nécessaires à la formation des agriculteurs de demain. L'approche *bottom-up* semble progressivement se substituer à l'approche *top-down* dans la diffusion et le partage des connaissances. Nous devons continuer dans ce sens et ne pas nous arrêter au milieu du gué. Le rôle des agriculteurs, en tant qu'acteurs et connaisseurs du terrain, montre que leur intégration dans les schémas de transmission devient incontournable dans les stratégies de formation agricole à la fois pour la formation des futurs agriculteurs et pour celle de tout l'écosystème qui les entoure. La transmission n'est plus une affaire de « sachants » mais de partage, et les agriculteurs y ont toute leur place... si tant est qu'ils veuillent la prendre. Les y préparer est un enjeu fondamental pour la construction de notre avenir en commun !

Chapitre 10

L'INNOVATION DANS LE SANG… OU PAS !

C'est en mai 2014 que j'ai entendu parler pour la première fois de *Start-up nation*. C'était quelques jours après Pâques, nous avions atterri à l'aéroport Ben Gourion à Tel-Aviv, en Israël, sous un soleil de plomb. Je m'y suis rendu en mission, avec mon directeur de chambre d'agriculture Philippe de Ponthon et un ami industriel vendéen, Jacques Audureau. L'objectif est de préparer un voyage d'étude que finalement nous ne ferons jamais pour des raisons bien éloignées de l'intérêt que représente la découverte de ce pays fascinant. La première chose qui frappe en arrivant dans le hall de cet aéroport, immense comme tous les halls d'aéroport, c'est cette inscription géante sur le mur du fond devant nous : « *Israël, the start-up nation* » écrit en anglais et en hébreu. Depuis, beaucoup de pays se déclarent *Start-up nation* mais je pense que seul ce pays peut véritablement le revendiquer tant il est consubstantiel à la naissance même de l'État d'Israël. Depuis l'arrivée des premières colonies juives au tournant du XXe siècle qui donneront naissance à l'État d'Israël en 1948, tout ici n'est qu'innovation : les kibboutzim, les universités, le fonctionnement de l'État… Nous venons à la découverte de l'agriculture de ce pays et nous allons découvrir un jardin au cœur du désert. Tout ici n'est qu'hostilité : la terre est aride, le soleil trop puissant, l'eau rare et souvent salée, les rapports avec les voisins, nous dirons compliqués, et pourtant ils savent faire vivre ce proverbe arabe qui dit que « ce n'est pas l'eau qui fait du désert un jardin, c'est la volonté des hommes ». C'est peut-être ça la vraie définition d'une *Start-up nation* !

Trois jours durant nous allons sillonner le pays, de kibboutz en université en commençant par un échange avec le directeur des services au ministère de l'Agriculture à Tel-Aviv. Cet entretien a pour objectif de nous expliquer le fonctionnement de l'État en matière de recherche et d'innovation agricoles. Confiance, collaboration et pragmatisme sont les maîtres mots : confiance dans les équipes qui travaillent à tous les niveaux, des universités jusqu'aux start-up en passant par les kibboutzim et les services de l'État ; coopération entre ces différentes strates, mais aussi à l'international, et pragmatisme car seule la capacité à résoudre les problèmes posés compte. L'entretien se poursuit par la visite à quelques kilomètres de Volcani Center[1], le temple de l'innovation agricole israélienne. Ici, en bordure du Néguev[2], le désert recule. Des bandes de culture gagnent peu à peu du terrain, au milieu de ce climat semi-aride. « Ici, nous avons 350 mm de pluie », nous dit notre guide, en désignant un champ d'orge où s'activent déjà deux moissonneuses-batteuses. Le champ bien propre offre par ailleurs des conditions idéales pour un travail sans labour. À l'avenir, notre interlocuteur n'en doute pas une seconde, le travail sera effectué par des machines autonomes. Il a beau être né bien avant l'avènement du numérique, il n'en est pas moins ouvert aux innovations. C'est grâce à cet état d'esprit que sa génération a transformé une partie du désert israélien en terre arable. Ici l'irrigation est incontournable, le stockage en réserve bâchée, que personne n'osera appeler vulgairement « bassine », côtoie l'irrigation par goutte à goutte. Le pragmatisme est de mise, l'eau est réservée aux cultures

1. Volcani Center : centre de recherche agricole israélien.
2. Néguev : le Néguev est une région désertique du sud d'Israël. En hébreu biblique, *Néguev* signifie « sud ».

qui la valorisent le mieux. L'orge n'en fait pas partie, ce qui explique sa récolte très (trop) précoce.

Nous visitons ensuite Hatzerim le kibboutz qui a vu naître la marque Netafim, leader mondial de l'irrigation de précision. Ici a été mis au point un système d'irrigation qui permet d'économiser jusqu'à 50 % de la consommation d'eau par rapport aux systèmes concurrents. Le lendemain, c'est un élevage de quatre mille vaches laitières qui nous accueille. Ici, il n'y a pas de pâturage, le climat ne s'y prête pas. Les vaches sont à l'ombre sous d'immenses hangars où elles ruminent tranquillement sur une litière qui n'est renouvelée qu'une fois par an, mais aérée deux fois par jour avant d'être asséchée par d'immenses ventilateurs. Les vaches y sont propres et mon œil d'éleveur voit vite qu'elles s'y trouvent bien et qu'elles sont capables de produire beaucoup. Ici, pas d'antibiotiques, peu de traitements, mais de la salle de traite au pied ou au cou des animaux, des capteurs partout. Ces capteurs alertent en permanence sur la santé de chaque animal. En travaillant les données qu'ils génèrent au travers de puissants algorithmes, ils sont capables de détecter les maladies en amont, bien avant que l'œil de l'éleveur le plus avisé ne soit capable de le faire. Le préventif est la règle en matière de buiatrie[1], d'abord pour des raisons économiques mais aussi pour le bien-être des animaux.

Après les kibboutzim, c'est le campus du Technion[2] à Haïfa qui nous accueille. Des milliers d'étudiants s'y côtoient, ils viennent du monde entier. Les disciplines enseignées sont multiples : de la chimie à l'espace en passant par les mathématiques, la médecine et la biologie, le numérique et l'hydraulique... L'agriculture y trouve sa place au croisement de la quasi-totalité des disciplines enseignées, même si nous n'y trouvons pas directement d'enseignements en matière d'agronomie ou de sciences vétérinaires. La

1. Buiatrie : médecine vétérinaire consacrée aux bovins.
2. Technion : institut de recherche universitaire d'Haïfa en Israël.

transversalité est la règle entre les disciplines, mais aussi avec les autres centres de recherche et d'enseignement tels que Volcani. Chaque kibboutz peut venir y puiser des ressources pour donner corps à ses innovations. C'est ainsi que Netafim donnera naissance au leader mondial de l'irrigation de précision et en retour y finance plusieurs chaires afin de donner naissance à d'autres initiatives. C'est une stratégie globale d'innovation qui est en place. Le continuum d'innovation ne se décrète pas, il se vit !

Cette très courte expérience israélienne a été pour moi fondatrice et j'ai longtemps regretté de ne pas avoir pu la transformer en réalité chez nous où, pour des raisons plus ou moins idéologiques, nous sommes engoncés dans des silos où chacun s'ignore. Peut-être ne sommes-nous pas encore suffisamment au pied du mur pour créer cette dynamique d'innovation, seule capable de tracer les chemins qui nous conduiront vers une agriculture viable, vivable et respectueuse de notre environnement. Engoncée dans des procédures sans fin, notre productivité en matière d'innovation a du mal à se concrétiser. Ce ne sont pas les talents qui nous manquent, nos centres de recherche n'ont rien à envier à ceux d'Israël, des Pays-Bas, de Californie ou d'autres États, mais la volonté de faire confiance à l'innovation n'est pas suffisamment puissante pour nous faire sortir d'une zone de confort qui nous laisse encore trop d'avantages. Les aides octroyées abondamment à notre agriculture génèrent un protectionnisme dévastateur pour le développement de l'innovation, seul capable de nous faire passer au monde d'après. Si nous ne voulons pas perdre pied dans le grand barnum de la construction d'un monde sans faim, il est nécessaire de mettre en place des politiques publiques en mesure de nous faire passer de l'innovation incrémentale à l'innovation de rupture. Les conseils scientifiques doivent laisser la place à des conseils de design pour créer une dynamique semblable à celle d'Israël. Nous devons oser le futur en faisant confiance aux entrepreneurs qui chaque jour innovent et à nouveau, comme nos aînés l'ont fait dans les années 1960, concevoir le développement par l'innovation !

METTRE EN PLACE UN CONSEIL DE DESIGN

Le mois de septembre est le mois de la rentrée pour toute organisation, entreprise, parti politique qui se respecte. C'est l'occasion de rassembler les adhérents, les collaborateurs, les sympathisants autour d'un moment à la fois studieux, festif et le plus souvent, médiatisé. L'agriculture n'échappe pas à la règle, moult initiatives existent, mais ce sont Les Terres de Jim[1] qui donnent le tempo. Les Terres de Jim sont une fête agricole en plein air, d'envergure nationale, organisée par les Jeunes agriculteurs[2]. Cet événement est destiné au grand public comme aux professionnels. La fête accueille en moyenne cent mille personnes sur un espace de plus de cent hectares aménagés pour l'occasion. L'événement est itinérant sur l'ensemble de l'Hexagone. En 2022, il s'est déroulé à Outarville dans le Loiret et fut marqué par une présence exceptionnelle : quelques mois après sa réélection, le président de la République Emmanuel Macron choisit Les Terres de Jim pour donner l'impulsion de la mise en place d'un pacte d'avenir pour l'agriculture. Dans la continuité de la prise de conscience de la nécessité de faire de notre souveraineté alimentaire une priorité, la redéfinition d'un pacte entre l'agriculture et la nation est devenue nécessaire. Trois axes forts sont définis : la redéfinition de l'orientation et de la formation agricole, la transmission des exploitations dans un contexte où la moitié des fermes vont changer de main dans les dix ans à venir, et pour finir, les réponses à donner aux enjeux du changement climatique. Vaste programme mais ô combien essentiel pour l'avenir !

---

1. Les Terres de Jim : fête de l'agriculture itinérante, organisée chaque année en France par le syndicat Jeunes agriculteurs ; elle représente la rentrée agricole en septembre.
2. Jeunes agriculteurs : syndicat agricole français ouvert aux jeunes agriculteurs et aux futurs jeunes agriculteurs.

Une concertation de six mois est lancée par le ministre de l'Agriculture et de la Souveraineté alimentaire, trois groupes de travail sont mis en place, et je participe à l'un d'eux. Ce groupe est chargé de définir la façon dont l'agriculture sera capable de répondre aux enjeux du changement climatique. De contributions écrites en séances de débats en présentiel ou en visioconférence, petit à petit une proposition se dessine. C'est à l'occasion d'une de ces sessions que Jérôme Le Roy, le président de La Ferme Digitale, a l'idée de proposer la mise en place d'un « conseil de design ». Nous échangeons tous les deux et nous lançons la proposition comme une bouteille à la mer sans vraiment savoir si elle trouvera preneur. Nous sommes cependant convaincus du bien-fondé de ce que nous proposons. L'idée est venue en réaction à une autre proposition plus classique : la mise en place d'un « conseil scientifique » censé à la fois donner le « la » à l'émergence de solutions nouvelles et à la validation scientifique des sociétés savantes. *A contrario*, le conseil de design tel que nous l'imaginons a pour but d'organiser la mobilisation de l'intelligence collective au service de l'innovation agricole. Il devra être capable de répondre aux questions d'adaptation, d'impact environnemental, de compétitivité et d'assurer notre souveraineté en matière d'approvisionnement alimentaire au service de l'agriculture. Ce conseil (ou plutôt ces conseils) devra (devront) aussi se donner les moyens d'analyser plus finement les demandes des consommateurs afin d'aligner au mieux production et consommation. La vision de ce conseil de design sera plus transversale et surtout *bottom-up*[1] à l'inverse de ce que peut-être un conseil scientifique. L'objet est de créer une dynamique entrepreneuriale en donnant corps à la mise en œuvre d'innovations de rupture. Les conseils de design (ils ont tout autant leur place au cœur des territoires qu'à l'échelon national) devront être composés d'entrepreneurs, d'agriculteurs, de consommateurs, de chercheurs...

1. *Bottom-up* : approche ascendante.

En clair, l'approche de l'innovation que nous proposons est similaire à l'approche israélienne fondée sur la confiance, la collaboration et le pragmatisme. Le temps est venu de rompre avec les habitudes, la France sait mobiliser ses « sociétés savantes » mais a du mal à créer une dynamique entrepreneuriale à même de transformer les fruits de ses recherches en entreprises capables d'accompagner les agriculteurs. C'est en partie parce qu'elle ne sait pas bien mobiliser l'intelligence collective au service d'une cause commune. L'approche *top-down* reste encore trop ancrée dans notre culture. Si le temps de Jules Ferry où les sachants se contentaient de diffuser un savoir à mettre en œuvre est révolu, il laisse encore traîner quelques réminiscences parfois destructrices. Elles le sont d'autant plus quand elles sont portées par des chercheurs plus ou moins allergiques au monde de l'entreprise (quand elles ne sont pas assimilées à une mystérieuse nébuleuse capitalistique à abattre). Le problème est qu'au bout du bout le résultat est parfois inquiétant pour notre souveraineté : des semences aux produits de protection des plantes en passant par les équipements ou même les services, nous sommes de plus en plus dépendants de l'étranger.

Et pourtant, si l'approvisionnement alimentaire est un élément essentiel de notre souveraineté, le développement d'entreprises capables d'accompagner les agriculteurs en amont et en aval l'est tout autant. Il est nécessaire de développer des entreprises françaises dans les domaines des semences, des biotechs, du numérique, de la robotique... Ce n'est pas le conseil de design qui le fera, mais il donnera corps à l'émergence de ces entreprises capables d'accompagner cette agriculture nouvelle qui est à construire. La recherche fondamentale et la recherche appliquée qui effectuent un travail reconnu tant en France que sur le plan international ont bien sûr toute leur place dans ce conseil de design, mais il doit s'inscrire dans la construction d'une dynamique entrepreneuriale. Des initiatives existent déjà telles qu'Occitanum en région Occitanie. Occitanum, nous en avons déjà parlé, se définit comme un laboratoire d'usage capable de faire émerger des solutions nouvelles dont l'agriculture a besoin pour assurer ses transitions. Nous devons nous appuyer sur de telles initiatives, itérer et enrichir les process et créer une dynamique globale. Nous devons nous donner les moyens de mobiliser la créativité dont notre pays regorge. Le conseil de design sera le catalyseur de toutes les énergies permettant à la France de développer les entreprises engagées à fournir les instruments d'une filière agricole, agroalimentaire et agroenvironnementale rentable répondant aux engagements de développement durable de l'ONU. Une transition réussie sera d'abord le fruit d'innovations et les transformer en entreprises françaises contribuera à notre souveraineté et à notre rayonnement. Tous doivent se mobiliser : start-up – agriculteurs – État – écoles – recherche fondamentale, appliquée, publique, privée et centres de valorisation (SATT, etc.) – incubateurs, accélérateurs, start-up studios – financeurs, capables de construire ensemble la French Agritech. C'est seulement à partir de là que nous pourrons parler d'« *agricultural start-up nation* ». Nous avons les moyens de le faire, il nous suffit d'oser le futur !

OSER LE FUTUR

Oser le futur, c'est ce que font les agriculteurs qui entreprennent. C'est en juillet de cette année 2023 que je reçois un message sur mon téléphone : « Bonsoir Hervé, tu vas être contacté par le DG d'une belle entreprise bretonne que je connais bien. Ils organisent une réunion client et souhaitent un intervenant sur l'innovation en agriculture. Je me suis permis de donner tes coordonnées, il va te contacter ! » Le contact se fait et c'est ainsi que je me retrouve en octobre à conclure un forum réunissant six cents clients, partenaires et fournisseurs de cette entreprise. Le thème de la journée est clair : « Cette journée d'échange avec nos clients et nos partenaires a pour objectif d'appréhender le besoin vital pour la France et l'Europe d'avoir une agriculture autosuffisante, de se donner des perspectives concrètes de développement de production et de prendre la mesure des contraintes actuelles et à venir, mais surtout d'identifier les innovations et les solutions pour les dépasser. » Les organisateurs savent que c'est d'abord en nous-mêmes que nous trouverons les solutions. Ici, pas d'élus et encore moins de représentants de nos administrations, la parole est à ceux qui entreprennent pour dessiner l'avenir. Les élus et les fonctionnaires ne sont pas snobés, il y a simplement un temps pour tout et ce temps n'est pas le leur.

La journée débute par une conférence sur la souveraineté alimentaire brillamment conduite par la présidente du Copa[1], Christiane Lambert. Elle n'est pas forcément là à ce titre, c'est l'éleveuse capable à la fois de conduire son entreprise dans le Segréen, de préparer la transmission à la nouvelle génération et de porter haut la parole des agriculteurs européens qui est invitée. Sa hauteur de vision sur les perspectives d'avenir de notre agriculture et de notre alimentation est précieuse, et elle sait faire le lien entre ses engagements publics et les réalités quotidiennes de son entreprise qu'elle maîtrise parfaitement. La matinée continue avec un focus sur la manière de se projeter dans une nouvelle appréhension des marchés agricoles par des industriels partenaires de l'entreprise. Des *pitchs* de start-up auxquels les organisateurs de la journée font confiance nous sont servis en apéritif. Après le nécessaire temps d'échange et de restauration, ce sont des témoignages d'éleveurs ayant mis en place des solutions innovantes et inspirantes pour l'élevage de demain qui viendront compléter la journée avant que je sois invité à conclure.

Durant cette journée où grands groupes industriels, start-up et éleveurs partageaient le plateau, ce sont les témoignages des éleveurs qui m'ont le plus marqué. Sans détours, ils nous racontent

1. Copa : union européenne des syndicats d'agriculteurs des pays européens.

leur parcours, comment ils ont fait face aux épreuves, surmonté les handicaps, mis en place des solutions nouvelles et comment ils ont su les partager avec leur voisinage, ce qui aurait parfois pu apparaître comme un préjudice. Il n'y a rien d'extraordinaire dans leurs témoignages, si ce n'est la capacité d'authentiques entrepreneurs à pivoter, à déployer de nouvelles stratégies quand le modèle économique l'exige. C'est ainsi qu'un des panélistes a fait évoluer la production laitière pourtant historique sur l'exploitation depuis des générations vers une production porcine moins contraignante en matière d'astreinte au travail. C'est également un jeune agriculteur récemment installé après dix ans de salariat qui surmonte un premier échec pour mieux repartir avec un nouvel associé. Au-delà de ces réussites de reconversions classiques, ce sont les deux autres témoignages qui m'ont particulièrement marqué : celui de la reconversion d'une exploitation bovine en élevage de porcs associée à un investissement dans différentes formes de production d'énergie renouvelable, et l'expérience d'une agricultrice qui sait faire de son élevage que d'aucuns qualifieraient d'industriel un atelier pédagogique grandeur nature pour les jeunes et les moins jeunes.

C'est dans les années 1990 que Loïc fait littéralement pivoter son exploitation bovine vers un élevage de porcs. C'est un changement radical dans la vision de l'entreprise, mais il n'est pas question de faire table rase de ce qui avait été mis en place auparavant pour la production de viande de bovins : les bâtiments sont là, il faut les recycler, l'exploitation n'a pas les moyens de les détruire pour en reconstruire de nouveaux. Le choix est alors fait de se lancer dans l'engraissement de porcs sur paille. Très vite, Loïc se rend compte des atouts d'un tel mode d'élevage en matière de perception du bien-être animal par le consommateur. Dans les années 1990, on en parle peu mais notre éleveur visionnaire flaire le bon coup. Il installe alors avec sa coopérative une filière de vente valorisant ce mode de production tout en veillant à rationaliser le travail désormais robotisé. En prolongement de cette expérience, il lance un élevage de volaille en semi-plein air qu'il réfléchit aujourd'hui à associer à un jardin d'hiver où les poules pourront picorer même par gros temps. Il n'y a pas à douter qu'une telle production trouvera son marché. Dès le début des années 2000, alors que l'idée des énergies renouvelables en France n'est dans l'esprit que de quelques écologistes visionnaires, Loïc se dit que le plateau sur lequel se trouve son exploitation, et sujet aux vents de toute part, est peut-être un site favorable pour transformer les caprices d'Éole en énergie. Il se lance donc dans l'étude d'un projet éolien, d'abord discrètement puis quand l'étude nécessite l'installation d'un mât de mesure du vent, il réunit son voisinage pour leur expliquer le projet avant que la rumeur éveille des craintes infondées, mais difficiles à contrecarrer quand elles sont installées. C'est ainsi que dès 2006, la première éolienne portée par une exploitation agricole voit le jour ; elle fournit mille cinq cents foyers en électricité. Quelques années plus tard, c'est une unité de méthanisation qui est construite avec un voisin pour valoriser les effluents d'élevage. Trente ans plus tard, Loïc vient de prendre sa retraite. Depuis, trois jeunes se sont installés, l'entreprise a embauché : stratégie d'exploitation, transmission, installation de jeunes, réponse aux attentes sociétales, énergies vertes, tout est en place pour un avenir serein.

Un avenir serein, c'est ce que promettaient les parents de Dominique quand ils lui ont transmis leur exploitation à elle et son mari. Il n'était pas question pour eux de léguer une entreprise qui ne soit pas en mesure d'assurer un revenu et des conditions de vie décentes à leurs enfants. Déjà bien avant ça, ils avaient le souci de pouvoir se libérer au moins quinze jours par an pour partir en vacances avec les enfants à la découverte des richesses de notre pays. Dominique et son mari vont développer leur élevage dans le même esprit en intégrant progressivement cinq salariés et en veillant de plus en plus au respect de l'environnement. Pas facile quand on porte tous les clichés de l'élevage industriel breton ! Dominique a fait le choix de les assumer en toute transparence. Les salariés disposent d'un bureau, d'espaces sanitaires et de repos privatisés. C'est normal, me direz-vous, mais ce n'est pas pour autant la préoccupation première quand la ferme n'a pas la dimension suffisante pour pouvoir l'assumer. Le bien-être animal et le respect de l'environnement sont aussi scrupuleusement respectés, ce n'est pas une question de dimension : tout ce qui est petit n'est pas forcément « *clean* » *a priori*. Dominique assume son entreprise et veut que ça se sache. L'agriculture et l'élevage qui assurent notre souveraineté alimentaire méritent mieux que les quolibets dont ils font l'objet. C'est ainsi que chaque semaine, l'élevage accueille des familles pour montrer comment ils travaillent, le pourquoi et le comment des techniques mises en œuvre. Une page Facebook a été créée et une association a même été fondée il y a maintenant onze ans pour porter haut et fort les valeurs de l'agriculture bretonne.

Il existe en France des centaines d'expériences comme celles-ci, elles sont aussi diverses que variées, émanent de petites exploitations et de plus grandes, peu importe. Une chose relie ces initiatives : ils et elles ont osé le futur. Oser le futur, c'est regarder devant en pensant le développement par l'innovation.

DE NOUVEAUX RÉSEAUX QUI SE CONSTRUISENT

Au cours de la matinée du colloque, j'avais remarqué sur le réseau, que l'on disait il n'y a pas si longtemps « à l'oiseau bleu », la présence de membres d'une association informelle de communication à laquelle j'appartiens. À midi, en parcourant les stands des partenaires associés à l'événement, je les retrouve chez Agriculteurs de Bretagne[1], l'association que préside Dominique, ma productrice de porc communicante. Le développement des réseaux sociaux au cours de la décennie 2010 a généré l'émergence de

1. Agriculteurs de Bretagne : association asyndicale et apolitique créée en Bretagne pour développer une communication positive sur l'agriculture bretonne.

communautés nouvelles, faciles à mettre en place et très agiles. C'est ce qui a motivé la création des premiers réseaux sociaux et reste quinze ans après un des rares points positifs de ces nouveaux moyens de communication. La « toile » offre un espace idéal pour échanger entre personnes mues par des objectifs communs mais qui ne se connaissent pas forcément dans la vie. Les réseaux sociaux constituent de nouveaux territoires où l'espace géographique ne constitue nécessairement le seul vecteur de délimitation. Ces groupes sont faciles à mettre en place, s'inscrivent ou ne s'inscrivent pas dans le temps. Ils correspondent toujours à un besoin de ceux qui s'y associent, besoin le plus souvent unique. Ils peuvent disparaître aussi rapidement qu'ils voient le jour quand le besoin n'est plus là ou parfois se transformer en association plus structurée si la communauté le désire. C'est ce qui me motive à rester sur quelques plateformes de communication au-delà du bruit qu'elles génèrent, et je dois l'avouer auxquelles je participe, bien que cela me soit de plus en plus désagréable. J'ai été, je pense pouvoir le dire, un des pionniers de la communication digitale en agriculture au tournant des années 2010 en incitant les leaders d'opinion de notre profession à s'y intéresser. Une bonne douzaine d'années après, bien au-delà de l'agriculture, le désalignement lié à la propagande professionnalisée de toute sorte et de toute sensibilité est tel que ce n'est bien souvent plus que de la pollution informationnelle anxiogène et pervertie. Gageons que l'honnêteté et la positivité retrouvent leur place et que les proxénètes de la peur y trouveront moins d'audience.

C'est un peu pour lutter contre cet activisme de la peur qu'est né Agriculteurs de Bretagne. L'association a été créée en janvier 2012 dans le but de promouvoir une communication positive et collective de l'agriculture bretonne. Cette association, apolitique et asyndicale, regroupe des adhérents tant individuels que collectifs, tels que des agriculteurs, des sympathisants, des coopératives, des organisations professionnelles agricoles, des entreprises, des écoles d'agriculture et des associations. Elle a pour objectif de valoriser l'agriculture bretonne et de favoriser les échanges et la collaboration entre les différents acteurs du secteur. Elle met en place des projets concrets et prépare des actions au sein de groupes de travail ouverts à tous les adhérents. Les projets collaboratifs de l'association Agriculteurs de Bretagne visent à mettre en valeur l'agriculture bretonne, à promouvoir les bonnes pratiques agricoles et à favoriser le développement durable du secteur. Ces projets peuvent prendre différentes formes, comme des actions de communication, des initiatives de développement agricole, des partenariats avec d'autres acteurs du territoire. L'un des domaines d'intérêt de l'association Agriculteurs de Bretagne est l'agroécologie collaborative. L'agroécologie est une approche de l'agriculture qui vise à concilier la production agricole avec la préservation de l'environnement et la durabilité des exploitations. Dans le cadre de projets collaboratifs, les agriculteurs de Bretagne travaillent ensemble pour mettre en place des pratiques agroécologiques, partager des connaissances et des techniques, et promouvoir des solutions durables pour l'agriculture bretonne. Ces projets collaboratifs en agroécologie peuvent prendre différentes formes. Par exemple, les membres d'Agriculteurs de Bretagne peuvent organiser des formations, des échanges de bonnes pratiques, des expérimentations sur le terrain, ou encore des actions de sensibilisation auprès du grand public. L'objectif est de favoriser la transition vers des pratiques agricoles plus respectueuses de l'environnement et de promouvoir une agriculture durable en Bretagne. Partie de la volonté de promouvoir une communication positive et collective de l'agriculture bretonne, Agriculteurs de Bretagne est devenue une sorte de communauté de design capable de préparer l'agriculture de son territoire aux enjeux de demain en levant tous les tabous et clichés grandiloquents et en redonnant aux choses leur vraie valeur.

C'est également ce qui a motivé la création de France Agri Twittos[1], regroupement de professionnels agricoles et de

1. France Agri Twittos est une association française créée en 2017 qui rassemble des agriculteurs et des professionnels du monde agricole sur X.

personnes liées au secteur agricole qui partagent la même volonté d'expliquer l'agriculture dans toute sa diversité. L'objectif principal de cette association est de créer du lien entre le monde agricole et la société en général. France Agri Twittos utilise les réseaux sociaux pour diffuser des informations, des témoignages et des explications sur l'agriculture. Les membres de l'association, qu'ils soient agriculteurs, agronomes, chercheurs, éleveurs, ou encore étudiants en agriculture, partagent leur expertise et leurs expériences pour mieux faire comprendre les enjeux, les pratiques et les réalités de l'agriculture contemporaine. L'association organise également des événements, tels que des conférences, des débats et des rencontres, pour favoriser les échanges entre les agriculteurs et le grand public. Ces initiatives permettent de répondre aux questions, de dissiper les préjugés et de créer un dialogue constructif entre les acteurs du monde agricole et la société. France Agri Twittos a mis l'accent sur la transparence et la communication ouverte. Les membres de l'association partagent régulièrement des informations sur leurs pratiques agricoles, leurs défis et leurs réussites. Ils abordent des sujets tels que la durabilité, la sécurité alimentaire, la biodiversité, les techniques agricoles, et bien d'autres encore. Au-delà du rôle joué par les membres de l'association sur la communication agricole, c'est une véritable communauté qui vit : des groupes privés se sont créés, les adhérents aiment à se retrouver autour de moments de convivialité lors de salons professionnels, des projets se créent dans la « vraie vie ».

Ces projets dans la vraie vie, c'est également ce qui motive la création de groupes de communication portés par d'autres vecteurs tels que WhatsApp ou Telegram. Certains donnent parfois corps à la création de véritables communautés. Ce fut le cas en 2019 à l'occasion de l'Agreenstartup que nous avions réalisé au SARA d'Abidjan, le grand salon de l'agriculture d'Afrique de l'Ouest. Le groupe que nous avions formé pour faciliter les échanges à l'occasion du concours s'est mu en un espace d'échange entre les start-up qui ont participé au concours. Le groupe existe toujours et la plupart des projets sont devenus des entreprises. La capacité à travailler ensemble grâce à ces vecteurs de communication simples et peu onéreux a largement aidé à faciliter la réussite de ces entreprises en faisant vivre le vieil adage : « Seul on peut aller vite, mais c'est ensemble que nous pourrons aller loin ! »

Chapitre 11

CONCLUSION : LÀ OÙ IL EXISTE UNE VOLONTÉ, IL EXISTE UN CHEMIN

L'histoire sans faim, c'est celle de la volonté des hommes de satisfaire leur besoin de liberté et de se nourrir. La liberté et le besoin de se nourrir sont étroitement liés. La liberté implique la possibilité de choisir ce que l'on mange selon nos préférences et nos convictions. Chacun doit avoir le droit de décider de son régime alimentaire en fonction de ses besoins, de ses croyances religieuses, de ses valeurs culturelles et de ses préférences personnelles. La sécurité alimentaire est un élément clé de la liberté, elle contribue à renforcer la liberté individuelle et collective. Une alimentation saine et équilibrée est essentielle pour prévenir les maladies, maintenir notre vitalité et améliorer notre qualité de vie. En garantissant la liberté de se nourrir, nous favorisons la santé et le bien-être de tous. J'aurais pu consacrer ce livre au droit à l'alimentation, je ne l'ai pas fait bien que ce soit un sujet essentiel. D'autres sont bien plus compétents que moi pour aborder ce sujet. J'ai préféré consacrer ces quelques pages aux expériences que j'ai vécues. Je me suis quelquefois abandonné à laisser libre cours à quelques délires vagabonds dans une mythologie inventée de toutes pièces et dans un futur tout aussi imaginaire. J'ai le plus souvent essayé de vous faire partager les rencontres que j'ai faites ces dernières années. Ces rencontres sont riches de la volonté de ces femmes et de ces hommes qui ont pris le parti de faire, d'entreprendre, de saisir la chance qui s'offre à chacun de nous de construire un monde meilleur parce qu'un monde sans faim ne se bâtit pas avec des incantations et des injonctions, mais avec une volonté d'agir et des réalités qui en découlent.

L'INNOVATION POUR FAÇONNER UN FUTUR SOUHAITABLE

Parce que je suis viscéralement convaincu que c'est l'innovation qui façonne un futur souhaitable et que l'accumulation de réglementations n'est finalement qu'un prétexte à consolider une rente, fût-elle collective, j'ai pris le parti de redonner à ceux qui entreprennent la place qu'il me semble devoir être la leur. L'intelligence collective de notre agora moderne doit être là pour fixer un cadre acceptable afin de dessiner un futur souhaitable à tous, et non pour définir des cases réglementaires où l'on tente de faire entrer un futur dessiné sur les fondamentaux du passé. Nous vivons la fin d'un monde sans que le suivant ne soit encore défini. Il est rendu nécessaire par des paramètres nouveaux qui définiront l'ère nouvelle qui ne peut se dessiner à partir de ce qui nous a conduits là où nous sommes, ni même à partir de principes érigés pour s'y opposer. Nous devons tenir compte des nouveaux paramètres qui s'imposent à nous : les limites de notre planète, le développement exponentiel de la population mondiale et les exceptionnelles avancées technologiques qui marquent le passage du troisième millénaire. La prise de conscience des limites de notre planète est un phénomène nouveau à l'échelle de l'histoire de l'humanité. Elles se révèlent à travers les besoins générés par une augmentation exponentielle de la population où chaque individu doit compter comme un être singulier qui a droit à la vie, à la liberté et à la sûreté de sa personne. La bonne nouvelle est que pour nous accompagner dans la construction du monde qui vient, les nouvelles technologies du numérique nous permettent l'activation de la connaissance comme jamais nous n'avons pu le faire jusqu'ici. Un monde est à inventer qui doit tenir compte de ces trois éléments. Il ne peut être fondé sur les modèles qui nous ont conduits là où nous sommes. L'agriculture y jouera un rôle essentiel et c'est de notre capacité à satisfaire notre besoin de nous nourrir en respectant la terre où nous allons quérir notre pitance que dépendra notre capacité à nous bâtir un avenir.

Pour y arriver, nous allons devoir activer trois aptitudes que le désalignement de la modernité nous a fait oublier : notre aptitude à utiliser le meilleur des formidables avancées technologiques qui marquent le passage du troisième millénaire, à redonner notre confiance à ceux qui travaillent la terre et les océans et à remettre en cause nos modes de consommations, notamment alimentaires. C'est de notre volonté collective d'y parvenir que dépendra notre avenir. « Là où il y a la volonté, il y a un chemin », disait Winston Churchill, gageons que nous puissions l'ériger en principe avant que la réalité ne nous l'impose !

FAIRE DE LA NUMÉRISATION DE LA CONNAISSANCE DU VIVANT UN BIEN COMMUN

La première chose sur laquelle nous devons nous pencher est la manière dont nous abordons la technologie. Je n'ai cessé de le redire tout au long de ce livre, ce n'est pas la science qui doit être remise en cause mais ce que nous en faisons ! Les nouvelles technologies du numérique offrent une formidable opportunité de développer la connaissance dans des proportions que l'homme n'aurait jamais imaginées il n'y a pas si longtemps. L'accélération de ces connaissances nous invite à passer d'une agriculture rendue intensive par l'utilisation d'intrants à une agriculture encore plus intensive par la connaissance de la nature et par notre capacité à en accompagner les bienfaits tout en en limitant les travers. Le vivant sur lequel nous travaillons est un bien commun, il est essentiel que sa connaissance le soit tout autant : la numérisation de la connaissance du vivant doit être inscrite au patrimoine commun de l'humanité. Le patrimoine commun n'est pas un patrimoine collectif : le patrimoine commun fait référence à un ensemble de biens ou de ressources partagés tandis qu'un patrimoine collectif se réfère à des biens ou des ressources encloses et donc privées, mais détenues et gérées collectivement. L'émergence du numérique doit nous faire réfléchir à une réhabilitation des communs. Ils ont joué un rôle important dans le développement de la pensée politique et philosophique d'Aristote à saint Thomas d'Aquin[1] jusqu'à ce que le désalignement du principe même de commun par l'installation de privilèges conduise aux révolutions qui imposeront la propriété privée, puis le capitalisme associé à son alter ego collectiviste. Face aux exigences que la détérioration de la planète et le développement exponentiel des populations nous imposent, nous devons repenser de nouveaux biens communs à partir des possibilités offertes par les technologies nouvelles. Nous ne saurons tirer la quintessence du vivant qu'en en développant la connaissance, et ce ne peut être possible qu'en en faisant un objectif de société où chaque individu participe au bien-être de tous. Les nouvelles technologies nous y invitent, il nous suffit de poser les régulations capables de déclarer la numérisation du vivant comme intérêt général sans entraver l'esprit d'entreprendre. Je suis conscient que la proposition tient plus de l'utopie

1. La notion de bien commun a été discutée par Thomas d'Aquin, théologien et philosophe catholique du XIIIe siècle. Bien que François d'Assise ait également joué un rôle important dans l'histoire de l'Église catholique, c'est Thomas d'Aquin qui est généralement associé à l'élaboration théorique de la doctrine du bien commun dans la tradition philosophique et théologique. Ses écrits, notamment dans son ouvrage majeur *La Somme théologique*, ont abordé la question du bien commun et son importance dans la vie sociale et politique.

que de la réalité mais si nous y arrivons, la réhabilitation de la notion de communs pour améliorer la connaissance du vivant sera un des actes les plus forts dans le besoin impérieux de protéger notre planète tout en permettant aux hommes de satisfaire leurs besoins fondamentaux de liberté et de se nourrir.

DONNER AUX AGRICULTEURS LA RESPONSABILITÉ DE DÉCISION

Si je peux me permettre de vous inviter à retenir quelque chose de ces quelques pages, le deuxième enseignement qui mérite d'être retenu est celui de la nécessité de réhabiliter la responsabilité de décision de l'agriculteur. Il y a trois raisons à cela: la première tient à l'esprit d'entreprendre, la deuxième à sa capacité à utiliser au mieux le patrimoine naturel qu'il emprunte aux générations futures et la troisième au rôle qu'il est amené à jouer au cœur de son territoire.

Les agriculteurs ne représentent guère plus de 1 % de la population de notre pays et, dans les dix ans qui viennent, c'est la moitié d'entre eux qui va devoir être renouvelée. Ce qui est grave, c'est que ce phénomène n'est pas franco-français, la tendance est mondiale. Si l'agriculture qui est à bâtir doit mobiliser l'intelligence collective et impliquer bien plus que les agriculteurs, il n'en demeure pas moins vrai qu'ils ne seront véritablement responsables que s'ils sont en mesure de prendre les bonnes décisions dans un cadre permettant l'initiative et les marges de manœuvre nécessaires. Je ne veux pas revenir ici sur tout ce que j'ai développé tout au long du livre, mais entreprendre dans un secteur où de nouveaux règlements sont dégainés à chaque instant par des potentats de bas étage, dont l'incompétence est inversement proportionnelle à l'idée qu'ils se font d'eux-mêmes, frise l'inconscience. Il est temps de redonner notre confiance à ceux qui la méritent. Ils la méritent d'autant plus qu'ils sont les plus aptes à prendre les bonnes décisions capables de respecter au mieux la terre qu'ils ont à gérer. Nous devons à cet égard passer d'une obligation de moyens à une obligation de résultats. Pour y parvenir, il est nécessaire d'avoir des chefs d'entreprises agricoles et des collaborateurs formés, responsabilisés et capables de rendre des comptes à la société sur leurs résultats et non plus sur les moyens d'y parvenir. Ces quelques propos sembleront sûrement durs, et même excessifs à certains lecteurs, mais ils sont rendus nécessaires par les dérives administratives dans lesquelles l'agriculture est entrée. La troisième raison pour laquelle nous devons faire confiance aux agriculteurs est liée au dynamisme des espaces ruraux. Ils sont des acteurs incontournables de la ruralité. Si les représentants territoriaux (les communes, les communautés de communes, les départements) doivent être les animateurs du milieu, nous ne devons pas leur attribuer plus d'importance qu'ils ne doivent en avoir pour être efficaces. Ce sont les forces vives qui font le dynamisme, les élus n'en sont que la représentation et c'est déjà une tâche énorme et éminemment honorable. Il n'y a pas de territoires prospères sans une économie prospère et une vie rurale active. Toutes les activités y ont leur place, nous n'en avons pas parlé ici (une autre fois, qui sait !), mais la chasse, la pêche, la randonnée, les sports de nature et plus globalement tout le monde associatif qui construisent les communs de nos campagnes forment ensemble, avec l'agriculture, les autres entreprises en milieu rural et la représentation territoriale, l'alchimie du bonheur de vivre au pays, c'est-à-dire en paysan. C'est une dynamique globale que j'ai appelé celle de territoires à mission qu'il faut développer. Les agriculteurs en seront des acteurs essentiels sans caractères exclusifs si nous savons les y inviter.

INSTAURER UN DROIT À L'ÉDUCATION À L'ALIMENTATION

Si la décision politique de déclarer la numérisation du vivant et la réhabilitation du pouvoir de décision des agriculteurs n'est pas chose facile à mettre en place, le troisième Everest à conquérir n'est pas plus aisé à gravir. Contrairement à ce que l'on veut nous faire croire pour ménager le quidam, ce n'est pas l'évolution des méthodes de production qui est la principale cause de la détérioration de notre alimentation, c'est avant tout la perversion consumériste dans laquelle nous sommes entrés. Il n'est pas question ici de culpabiliser quiconque, c'est un désalignement progressif qui s'est petit à petit installé sans que nous en ayons véritablement conscience. Nos modes de vie ont changé, la cellule familiale qui a longtemps été le creuset de l'éducation a évolué et le rapport au vivant s'est délité avec la sédentarisation urbaine depuis que l'attrait du Club Med s'est substitué aux vacances chez l'oncle à la campagne. Même nos territoires ruraux en sont victimes et les quelques initiatives prises çà et là ne sont pas encore à la hauteur du besoin. C'est un véritable droit à l'éducation à l'alimentation pour les enfants qu'il convient d'instituer, c'est à la fois une question d'éducation et de santé publique. Il y a beaucoup à dire sur la question et il n'est pas là non plus envisageable de revenir au monde d'avant. C'est un chantier qui est à ouvrir sans tomber dans le manichéisme facile qui tend à imposer du bio, des circuits courts, moins de viande, plus de légumes dans des projets alimentaires territoriaux qui donneront plus facilement bonne conscience à ceux qui les élaborent que de véritables impacts sur la santé et l'équilibre de nos enfants. Nous devons aller plus loin, c'est d'une véritable éducation à l'alimentation que nous avons besoin. Elle passe par la généralisation de l'éducation au jardinage à l'école (en n'oubliant pas de cueillir le fruit de son travail), par l'apprentissage de la cuisine pour mieux se nourrir et limiter les gaspillages, et vraisemblablement par une redéfinition du rythme de vie ou l'activité physique ne se résume pas à se déplacer du canapé au lit et les activités culturelles aux programmes de Netflix. Là aussi, les agriculteurs ont un rôle essentiel à jouer, nous l'avons vu dans un des derniers chapitres du livre, des initiatives telles que celles développées par Agriculteurs de Bretagne doivent être encouragées. Ce n'est pas une question de modèles agricoles, ils ont tous leur place pour satisfaire la diversité des besoins. C'est simplement une nouvelle manière de vivre nos complémentarités au service du bien commun qui doit être instituée.

POUR VRAIMENT CONCLURE… OU PAS !

Peut-il exister une fin à un monde sans faim ? Non, bien sûr, et le meilleur reste à écrire. Ce livre n'a comme ambition que de proposer quelques réflexions, au mieux des pistes de travail pour bâtir un avenir capable de nourrir les hommes, tous les hommes, en respectant notre terre, notre bien commun dont nous sommes les garants pour les générations qui nous succéderont. Dans un monde où le pessimisme est proportionnel au confort que nous offre notre petit pré carré, il est temps de se retrousser les manches pour prendre notre place au sein du chantier qui construira le monde de demain. C'est de la volonté des hommes que jailliront les sources qui viendront irriguer les champs et feront s'épanouir les cultures, c'est de la volonté des hommes que poussera l'herbe des prés où pourront paître les troupeaux, c'est de la volonté des hommes que se façonnera la nourriture qui viendra nourrir d'autres hommes occupés à d'autres tâches. C'est aussi de la volonté des hommes que viendra la reconnaissance du travail qui leur permet d'assouvir leurs besoins de liberté et de se nourrir. L'histoire sans faim ne se termine pas ici, elle ne se termine pas, tant qu'il y aura des hommes, ils continueront à l'écrire. C'est de leur volonté d'avancer en commun que se façonnera leur avenir, et souvenez-vous : « Là où il y a une volonté, il y a un chemin. »

Remerciements

L'écriture de ce livre a peut-être, encore plus que les précédents essais que j'ai commis, été rendue possible grâce à une succession de belles rencontres.

C'est tout d'abord Jean Staune, nous nous connaissons depuis longtemps, mais c'est en juin à Cholet, lors d'une rencontre du CERA, qu'il m'a convaincu de reprendre la plume pour lui proposer un nouvel opus pour sa maison d'édition Diateino. Merci Jean !

C'est également mon grand frère Erik Orsenna. J'aime tellement partager avec lui ! Il vous a révélé que j'étais son clone, nous dirons une pâle copie, pas en mieux comme il dit, sa modestie dusse-elle en souffrir. Je lui suis infiniment reconnaissant d'avoir accepté de poser sa plume à côté de la mienne pour écrire quelques lignes pour préfacer ce livre.

C'est surtout une vrai histoire d'amitié partagée avec Erik et Julien Denormandie qui accepte d'afficher son opinion sur cet ouvrage par un bandeau de couverture. Nous aimons à échanger sur ces sujets et bien d'autres, à nous enrichir mutuellement.

Comment ne pas citer ma famille, Christine mon épouse, mes fils Julien et Clément, dont les conseils me sont précieux même si je ne le leur dit pas assez, ma belle-fille Amandine et Louis mon petit-fils, non seulement il leur a fallu souvent supporter mes humeurs et mes moments d'absences intellectuelles durant ces mois d'écriture, mais depuis des années, ils ont dû bien souvent me suivre à la rencontre de tous ces gens que j'ai cités dans ce livre. Nonobstant, je sais qu'ils ont le plus souvent aimé également ces rencontres. Un grand merci collectif à toute ma famille.

Une pensée particulière pour Pascal, Fanny et Naïa Aprendisteguy, qui nous ont accueillis cet été et chez qui ma plume est devenue alerte à la vue des beaux paysages de la vallée de la Bidassoa au cœur du Pays basque.

Comme à chaque projet d'écriture, j'ai créé une équipe de relecture pour modérer mes égarements et corriger les quelques fautes égarées au fil des pages. Merci Michel Aubinais, mon fidèle compagnon, merci Morgan Kermarrec et Alexandra Hermouet, mes collaborateurs du Groupe Établières à qui je demande déjà beaucoup tout au long de l'année et qui ont accepté de me relire, merci à Karine Cailleaux et Mélanie Polizzi qui sont toujours là quand j'en ai besoin, malgré un emploi du temps déjà surchargé. Merci également à Nelliana Douaoui, Jérôme Le Roy, Gilles Babinet à qui j'ai demandé quelques conseils sur des points clés du livre.

Un grand merci à toutes ces personnes rencontrées au fil des années, c'est auprès d'elles que je me suis tellement enrichi de leurs talents, de leurs réussites et parfois de leurs déboires. Comme Karine Cailleaux me l'a écrit un jour, de ma Vendée natale au cœur de l'Afrique ce sont ces rencontres, ces expériences vécues qui me permettent de dire aujourd'hui que je crois en la capacité de l'homme à surprendre l'avenir et qu'à partir de là, tout devient possible. Ils sont pour la plupart les artisans d'un monde sans faim et c'est suffisant pour qu'ils reçoivent toute ma gratitude.

Ce livre leur est collectivement dédié !